伟大的
博物馆

British Museum Londra

伦敦
大英博物馆

〔意大利〕卢卡·莫扎蒂 编著
应倩倩 许 琛 曾美祯 译

内蒙古科学技术出版社

前　言

大英博物馆是一个持续推陈出新的文物收藏机构。这座博物馆建筑面积不断扩大、藏品数量不断增加、参观人数持续增长，为了将整幢建筑都当作博物馆使用，就连大英图书馆也被分离了出去。从 2000 年开始，由诺曼·福斯特为博物馆设计的巨大中庭圆顶成为焦点，这展开的巨大圆顶，仿佛在伦敦多变的苍穹下，撑起一把透明的巨伞。

总而言之，大英博物馆并非停滞不前，它所珍藏的文物也非静止不变。以《罗塞塔石碑》为例，法国学者商博良对碑上所刻古埃及象形文字的破解，使得这块石碑轰动世界，这件文物曾被无数双眼注视过，也被无数双手触摸过。这件古埃及文明的重要文物，被发现于 1799 年 7 月。当时，跟随拿破仑的法国士兵到达罗塞塔城，在城内朱利安要塞的石堆中意外发现这块小石碑。石碑高 1 米多，宽约 0.7 米，上面刻了相同内容的古埃及象形文字、古埃及通俗文字和希腊文字。发现它的人很快意识到这是一件重要的文物，于是将这个消息迅速告知《埃及邮报》，而该报于法国共和历果月二十九日刊登了这一则消息，那一年正好是法兰西第一共和国成立七周年。随后，拿破仑立即命令工匠在石碑上刷上油印作为铅版，并将碑文印在纸上，寄给当时欧洲专门解读古文的学者。为了让印在纸上的碑文清晰可读，黑色油墨被反复刷在石碑表面，而碑文也被白色石膏填满，这些工序也在石碑上留下痕迹：因多次刷油墨，所以石碑变得漆黑。

1801 年，这件珍贵的文物落到英国人手里，他们迅速将它运到伦敦。同时，瑞典人约翰·戴维·阿克布莱德、法国人西尔维斯特·德·萨斯和英国人托马斯·杨开始着手解读谜题，但是无人能解开其中的奥秘。

商博良是法国菲雅克镇的一位书商之子，某天在家中找到印有《罗塞塔石碑》消息的《埃及邮报》，尔后他将毕生心血用在关注与研究这件事情上，还花了20年时间研究石碑上的三种文字，终于在1822年破解了其中的古埃及象形文字，了解到古埃及象形文字具有部首、表音和表意三种作用。

两百年后，大英博物馆为该文物举办了一次纪念展。石碑被清理干净，在进行技术分析时发现了令人难以置信的特别之处，而这一特别之处竟从未有人注意过。那么，究竟在这块石碑上有什么新发现呢？

首先是它的颜色，在完成清理工作后，技术人员发现石碑表面的黑色并非它的自然色，而是反复刷油墨所致，石碑原本是深灰色，并带有亮色斑块和玫瑰红色宽纹理。此外，在此次修复工程前，所有人都一致认为该石碑的石料是玄武岩，然而，当清除了表面黑色油墨和为保护石碑不被参观者反复触摸损坏而涂上的石蜡后，技术人员才发现石碑的石料是花岗岩，主要成分为长石、云母、石英。因此推测，用来制作石碑的石料来自亚斯文，而碑文的镌刻则在塞易斯完成。

碑上所刻文字的凹陷处，曾经一度被填上白色石膏，但技术人员发现了红色染料的痕迹。由于不能确定这种红色物质是石碑被发现前就已存在，还是发现后才被染色上去的，所以他们决定保留这些痕迹，就像保留石碑两边的白漆文字一样，因为这些文字记录了石碑的由来："1801年由英军在埃及获得"（左侧）及"国王乔治三世捐赠"（右侧）。

马可·卡尔米纳蒂

目 录

伦敦大英博物馆

"……为了全人类艺术和科学水平的提高。"

——汉斯·斯隆爵士

大英博物馆诞生于欧洲启蒙运动时期，建立目的在于为学者和一般民众，更广泛地说，是为全人类提供公共服务。它的诞生与汉斯·斯隆的遗嘱有密切的关系。汉斯·斯隆是一位著名的内科医生，继牛顿之后担任英国皇家学会会长，由于其杰出的科学和医学贡献被国王乔治二世授予男爵荣誉头衔，同时他也是一位充满热情的学者、博物学家和疯狂的收藏家。在他去世后，他所收藏的藏品，除了数量庞大的自然科学标本和一个植物标本集，还包括古董、反映古代习俗的物品、书籍、版画、手稿、印刷品、纪念章、古代及现代钱币、印章、珍贵的石头和数学工具，根据遗嘱这些都被赠予国王乔治二世，而受赠条件是支付给他的女儿们两万英镑，这一数字约是藏品估价的四分之一。

根据特别颁布的《大英博物馆法》，英国议会通过了以发行彩票的方式筹集资金的议案，大英博物馆最终于 1759 年 1 月 15 日在蒙塔古宅邸成立，并对外开放。当时的蒙塔古宅邸在经过法国建筑学家皮埃尔·普戈主持的修缮后，成为 17 世纪末伦敦最雄伟的建筑之一。《大英博物馆法》规定："现有的与之后增加的每一件藏品都将永久保存并供后世利用，且保证所有学者和怀有好奇心的人们都能自由进出。"博物馆至今仍坚持此一原则：免费开放、所有人都能自由进出、用于教育和供公众消遣。由于藏品大量增加，原馆的规模

埃及艺术
《阿蒙霍特普三世头像》（局部）
约前 1350

显然已经不敷使用，1802 年国家宣布扩建博物馆。

1804 年至 1808 年，为放置埃及古董和查理斯·汤利收藏的各种雕像，在埃及馆上建造了由乔治·桑德斯设计的汤利馆，该馆建筑采用的是当时非常经典的帕拉第奥式风格。博物馆在收集文物方面也不懈努力，为的就是获得更多具有重要价值的文物，其中最著名的就是帕提农神庙的大理石雕刻。而亚述的大量藏品对解读楔形文字也至关重要，就像《罗塞塔石碑》使学者得以揭开古埃及象形文字的神秘面纱一样。

1823 年，乔治四世将其父王的国王图书馆（即后来的大英图书馆）藏书捐赠给国家，这促使博物馆的管理者请求为两馆重建一幢大楼。新的大英博物馆于 1823 年至 1852 年由罗伯特·斯默克设计建造，他将新图书馆设在四翼大楼的东翼，一座圆形且顶部敞开的建筑，而四翼大楼的南翼则取代原来的蒙塔古宅邸。1845 年，斯默克隐退，并把设计工作交给年轻的弟弟斯德尼，之后则由弟弟来完成博物馆南翼的外观设计工程。

苏美尔艺术
《皇后的竖琴》
（局部）
约前2600—前2400

首先，由于受到当时流行的新希腊宫廷风格“缪斯神殿”的启发，斯德尼在设计中融入博物馆学的构想，设计了外部庭院和山形墙。山形墙的雕刻工作由卡诺瓦的学生也是当时最受尊敬的雕塑家之一——理查·韦斯特马克特完成。其次，斯德尼将圆顶造型的阅览室设置在大中庭的中央，并将内部进行了精心整修，设置一个现代的信息中心——安纳伯格中心，收藏了大量的书籍、会刊及其他印刷材料，反映世界各地的文化。

19世纪期间，博物馆北面还新建了由约翰·泰勒设计的白翼大楼。当时，博物馆不同年龄段及不同社会阶层的参观人数持续增长，这得归功于管理者为推广博物馆各项活动所做的努力，以及为此编纂的厚重的科学宣传目录。

19世纪80年代，自然历史类收藏品被转移到南肯辛顿区的新自然历史博物馆，而从蒙塔古宅邸新扩建的国王爱德华七世展馆是由约翰·伯内特所设计建造的。20世纪初，由于拆除周边建筑物，以致大英博物馆新的扩建工程缩减。此后，博物馆于1903年出版了第一本博物馆简明指南，1911 年委任了第一位导游讲解员，1912 年开设了第一家纪念品商店。1931 年，由于杜威恩勋爵的慷慨捐赠，博物馆筹到一笔资金建造杜威恩展厅，该展厅由设计美国华盛顿国家

希腊艺术
《哈利卡纳苏斯陵墓楣板上的浮雕》（局部）
约前 350

艺术馆的建筑师约翰·罗素·波普设计，而帕提农神庙大理石雕刻群就在此展厅中陈列。尽管该展厅的建造工程于 1939 年完工，然而由于战争爆发加上战后的一连串问题，使得它到 1962 年才对公众开放。1964 年，博物馆进驻了一位专职展览设计师，不久之后便启动了一项重要的各展馆翻新工程。1970 年，博物馆推出教育设施服务，并于 1973 年成立了一家出版公司。

科林·圣约翰·威尔逊——伦敦圣潘克拉斯区的大英图书馆建设工程的设计者——于 1975 年至 1978 年间设计建造的新翼馆在 1980 年落成，但是由于政府财政拨款数额缩减，导致该馆的建造工程只完成了最初规划的一半。

大英图书馆从博物馆迁离之后，新建了伊丽莎白二世大中庭，它是全欧洲最大的天顶广场。博物馆也在此设立了一些服务点，例如纪念品贩售部和咖啡店，同时，在大中庭还建了一条通往伦敦最

罗马艺术
《面具式头盔》
（局部）
1 世纪末至
2 世纪初

繁华地区的出口通道。

1994 年，赢得大中庭设计比赛的是著名建筑设计师诺曼・福斯特，他是当时伦敦最富创造性建筑物的设计者之一，设计过千禧大桥、伦敦市政厅和瑞士再保险总部大楼等，这些著名建筑的壮丽轮廓装点了伦敦的天空。自然的外部轮廓是大中庭的特点之一，如今经过重修的阅览室摆脱了沉重的书架，扮演起大中庭文化发动者的角色。阅览室的外部圆顶仍然是斯默克当年设计的样子，而大中庭的超轻透明屋顶以此圆顶为中心向四周扩展开来。这座透明屋顶由金属钢架结构和透明三角形玻璃板组成，由于阅览室的中心点相对于大中庭的中心点有些微位移，因此每一块三角形玻璃板的形状都各不相同。

由福斯特主持的第二个项目是国王爱德华七世展馆的建筑障碍物拆除工程。这一耗时两年半的工程完工，可提供一个全新的公共空间和一种博物馆陈列品的使用模式，使它能与城市重要的中心相连接。在大英博物馆建馆250周年之际，为给参观者提供更完善的服务，博物馆新建了一座欢迎展厅并翻修了大英图书馆。如今，博物馆面对特拉法加广场一侧的行人专用区已建造完成。

博物馆各部门一览

最初，博物馆的藏品根据汉斯·斯隆爵士的意见，被分成三个类别收藏：印刷类和篆刻类书籍、手稿，徽章，以及自然和手工类藏品（事实上，除了前两类之外的所有藏品都归于此类）。1807年，古物部成立，自然和手工类藏品中非自然类文物被收藏于此；1808年，印刷书籍和绘画也归入古物部，并雇用专职管理员；1836年，印刷书籍和绘画独立为一个部门；1861年，古物部被分成钱币和徽章部、希腊和罗马古物部，以及东方古物部；1866年，东方古物部改名为埃及和亚述古物部，同年，其下属的人种学部和英国与中世纪古物部也独立出来；1912年，东方印刷书籍和绘画部成立；1921年，陶瓷和人种学部成立；1946年，人种学部从东方古物部中分离出来；1955年，埃及和亚述古物部被分成埃及古物部和西亚古物部；1969年，英国与中世纪古物部被分成史前和古罗马英国古物部，以及中世纪和现代古物部。

后来，博物馆各部门在不改变各自职责的情况下，再次确定各自的命名：古埃及和苏丹部（原埃及古物部）、中东古物部（原西亚古物部）、中世纪和现代欧洲部（原中世纪和现代古物部）、史前和早期欧洲部（原史前和古罗马英国古物部）。2003年，中世纪和现代欧洲部以及史前和早期欧洲部合并为史前和欧洲部，而日本古物部和东方古物部组成如今的亚洲部。

顾恺之
《女史箴图》(局部)
6 世纪至 8 世纪

古埃及和苏丹部

无论数量还是质量，古埃及和苏丹部是收藏埃及文物藏品最负盛名的部门之一，在这些藏品中包括许多大型的雕刻。主要藏品包括汉斯·斯隆爵士捐赠的几十件非常重要的古物，这可以追溯到法国人在埃及战败的那一年（1801 年），当年法国人战败，拿破仑手下的一些学者收集到大批文物，其中就有最著名的《罗塞塔石碑》。后来，英国驻开罗总领事亨利·索尔特通过乔万尼·巴蒂斯塔·贝尔佐尼为博物馆寻得了一批数量可观的雕塑。19 世纪末，主要负责博物馆古埃及文物收集工作的埃及探索协会又获得了一大批文物。此外，还有一些古物是从私人收藏者和埃及文物服务协会以及其他机构购得或挖掘到的。

挪威艺术
《路易斯西洋棋》
（局部）
约 1150—1200

中东古物部

中东古物部悄然成立后，19 世纪最富胆识的考古学家奥斯丁·亨利·莱亚德在一系列的文物挖掘过程中发现了尼姆鲁德、尼尼微和亚述古城，并带回一些重要的古代艺术作品，其中包括王宫中的浅浮雕和大量楔形文字泥板。之后，亨利·克瑞斯维克·罗林森成功解读这些楔形文字，并因此开创了现代亚述学。后来，李奥纳多·沃利的发掘，尤其是乌尔古城的发掘，皆丰富了博物馆的苏美尔文物。其他文物，例如令世人称奇的阿姆河宝藏，都是偶然的发现。

希腊和罗马古物部

最初是由富裕的收藏家和参与 17 世纪到 18 世纪壮游的英国学者收集到一些重要的考古文物，尤其是关于古罗马的，这些文物和斯隆爵士捐赠的部分文物一起被博物馆收藏。后来，博物馆在几次重大的文物收购中，收购了包括曾担任英国驻那不勒斯大使的威廉·汉密尔顿爵士和查理斯·汤利的藏品。汤利在长期旅居意大利的过程中，为他在伦敦的“罗马别墅”添购了许多珍贵的文物，他的别墅可以说是一座博物馆，并且对“有品位的绅士”开放。

然而，在购买埃尔金大理石雕刻群（在遭遇数次灾难后于 1816 年修复）之后，博物馆才可以说拥有完整的帕提农神庙和厄瑞克忒翁神庙的雕刻群。埃尔金伯爵从 1799 年起担任英国驻伊斯坦布尔大使，土耳其政府同意他将神庙的部分建筑搬到安全地，于是，他把浮雕、雕刻和部分建筑构造拆卸下来以便搬运，在经历几次劫难后，文物终于抵达伦敦。这些文物曾一度被艺术家们赞赏和谈论，他们认为这批雕刻群尽管已经支离破碎，也没有获得修复，但是与罗马大理石复制品和希腊原作相比，它们的质量要高得多。在埃尔金伯爵面临经济困窘时，他想把这批无法复制的雕刻群卖给博物馆，价格是他为保留这批雕刻所投入的费用总额，然而政府只愿意支付不到一半的费用。由于屡遭人生变故，埃尔金伯爵在 1816 年被迫接受三万五千英镑的转让价格，一年后伯爵离开了人世。

伦敦大英博物馆

主要馆藏

旧石器时代的艺术

《猛犸象形状投矛器》
马格德林时期，约前 10500

驯鹿角制成
长 12.4 cm
来自法国塔恩－加龙省的蒙塔斯特吕克
属于克利斯蒂的藏品

投矛器的大部分已经缺失，幸存下来的只有这个猛犸象形状的长矛挂钩。它眼睛位置内部是空的，可能是用来放置小石块或骨头的。这件旧石器时代的物品，辨认起来毫不费力。

马格德林时期是旧石器时代晚期阶段，该时期是文化以艺术表现形式发展为主的巅峰时期，各种艺术作品包括岩洞中的大型连环壁画、小型雕塑、乐器和塑造成各种形象的器具。投矛器是一种用来增加射程和投射精准度的工具，它可以使人类的手臂力量成倍数增加，是一项足以革新猎捕方式的发明。

这件猛犸象形状的投矛器，凭借象的四足固定，似乎是用来祭神的。与其他同时代的艺术作品一样，它表现出当时人类复杂的精神世界。当技术水平提高、食物充足，人类便得以生存下来，这些生活条件的满足，使人类有充分的时间和资源来产生新思想，因此，艺术表现形式在那个时期也得到发展。

人们希望拥有一种能改变人和自然界以及其他生物关系的工具，因此就有人将这种想法体现在这样一个具有强烈唤神意义、自然主义且栩栩如生的艺术作品中，制作者的高超技艺和艺术想象力，至今仍令人啧啧称奇。

长牙（河马的犬齿）制成
高 14 cm
来自埃及南部的巴达里
英国埃及考古学院赠

《女性形象雕塑》
前王朝时期，巴达里文化，约前 4000

如果不仔细比较、对照、准确解释此件文物含义的话，就很难注意到使这件人像生动的创作特点：非比寻常的大鼻子、圆睁的大眼和紧闭的双唇。

巴达里文化发展于公元前 5000 年末至前 4000 年初，之后被涅伽达文化取代。巴达里人生活在小型氏族公社中，他们的经济模式是狩猎、捕鱼、养殖和不需要人类过多参与农作物生产活动的农业经济。去世的人被并排放置在椭圆形坟墓内部的左边，他们的脸都朝向日落的方向，坟墓中还放有许多陶制餐具。

在巴达里古墓中还发现了三件女性雕像，这或许是最古老的埃及雕像。尽管这三件雕像做工粗糙、形象简单，但是制作者对眼睛、胸部和性的突出表现，似乎是有意呈现出的一种风格。这些与文化相关的物件，跟性尤其是生殖有关系。雕塑寄托着死者在阴间重生的愿望，这种文化对之后的古埃及文明有着非常重要的影响。然而，我们还是无法准确地解释它们所象征的意义。

埃及艺术

《刻有狩猎场景的调色板》

前王朝末期至早王朝时期，约前 3100

岩片制成

30.5 cm × 14 cm

来自阿玛纳

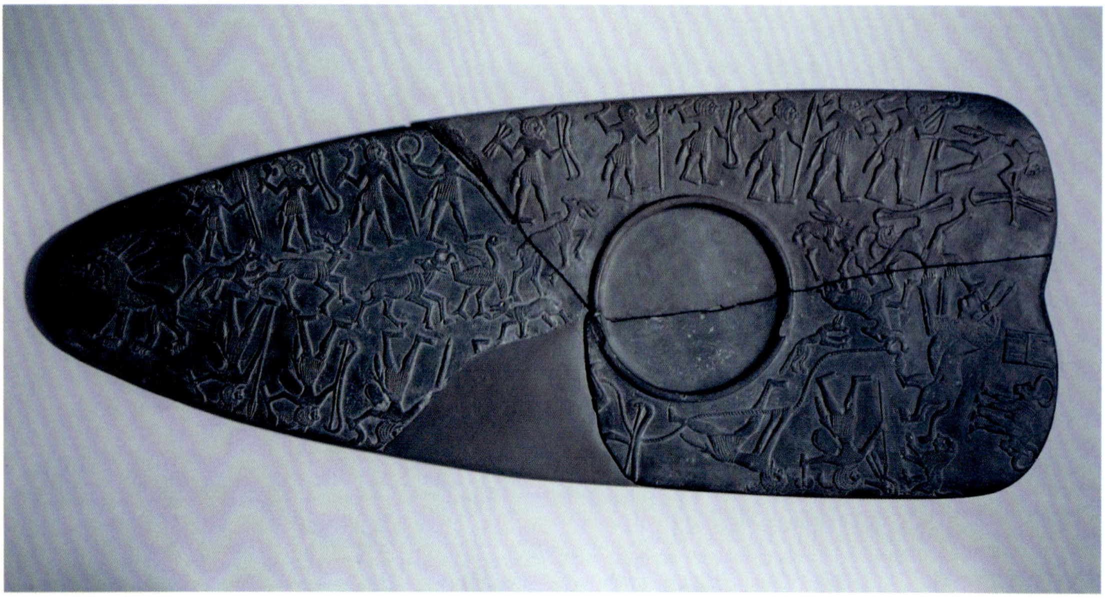

这块用来研磨化妆品的轻便调色板，被证实是古埃及前王朝时期的物品。这块调色板用软泥板制成，工艺精巧，形状具有抽象意义，有时会让人联想到某一种具有宗教意义的动物。在少数情况下，调色板上刻有描绘许愿场景的画面，一般说来与调色板的主人有关。

这类调色板，尽管中间有用来研磨化妆品的凹槽，但它们通常是被用在宗教仪式上，还有一些大型调色板则用作墓群纪念碑。

狩猎场景的描绘，在整个埃及的文化艺术发展过程中多有体现，特征为刻有长期面对突如其来混乱的狩猎者，以及凶猛的野兽和敌人，它们象征着斗争和秩序。

在这块调色板的边缘，刻有十九名手执权杖和武器待命的猎人助手，他们并没有像其他艺术作品上的人物一样队列整齐，而是都朝向中间的一位人物，从他繁复的头饰中就能看出这是他们的首领，他在和最凶猛的动物战斗。另一端的边缘刻有一头侥幸逃生的狮子，然而它已被几支箭射成重伤。

《端坐的尼诺弗雷特明女士雕像》
古王国时期，第四王朝，约前2500

石灰岩彩绘
高45.5cm
原属诺森伯兰郡藏品

雕像使用的暗黄色着色，一般用于女性形象。光线流淌过完美的表面，女士褪色的眼睛望向远方。

古王国时期的雕像主要用于丧葬，当死者的身体开始腐烂时，作为“卡”（Ka）的寄寓（古埃及人认为卡是生命的本质，即灵魂，它的存在与否是区分死者和生者的依据），这种生命力在创造力的保护下，保证其肉身能留存下来。

简单明快的白色服饰凸显了时空的永恒，以及从凡尘彻底的脱离。在雕像背面刻有“法老的熟人”这几个字，意味着此人属于上层阶级。由于当时的雕像脸部都很类似，这些文字和所刻的名字，都是引导灵魂找到本体的必要依据。这座雕像硕大的头部、望着远方的眼睛、粗壮的脖子、宽大的脸庞和双脚，都是古王国艺术的特征。看似粗犷的艺术，似乎与它的珍贵性相悖，但是人物形象的塑造和细节处理却显得十分用心。令人印象深刻的是雕像的前额，她浓密的头发从中间分开并被编成小辫，这种装扮和她贴身的白色长裙，皆为第四王朝贵族女性的流行打扮。

木制彩绘
高 33 cm
出土于埃及艾斯尤特
由大卫·乔治·霍格斯挖掘

《锄地的农民》

古王国时期，第六王朝，约前 2250

雕像表面的砖褐色是长期暴露在空气中的结果。它不在于展现肖像艺术，而只是用来表现仆人为主人工作的场景。

木制雕塑在古埃及艺术中拥有重要的地位，与受限制的石制雕塑相比，木制雕塑更经济，创作也更自由。随着古王国后期有一定地位的新兴阶级丧葬文化的盛行，木制雕塑的需求也随之增加。为了在死后仍能保持生前的地位，享有生前各个方面的物质生活，死者需要大量的奴仆陪葬。因此，在这些新兴

阶级的坟墓里发现了许多绘制或雕刻的奴仆形象：他们有的在照料牲口，有的在种田，有的在打猎，还有的在制作面包、啤酒和宰杀牲口，所有这些都是坟墓主人所需。

虽然木制雕塑可保存的时间没有石料的长久，但是它的可塑性，使得它更能满足坟墓主人对所需的人物形象和场景的要求。从传统中得到解放后，木制雕塑创造出一种更写实的艺术语言，呈现出更鲜明自然的艺术形象。

《犁地场景雕塑》

中王国时期，约前 2040—前 1750

木制彩绘

高 20.3 cm　长 43.2 cm　宽 17.7 cm

埃及出土

牛的颜色使其栩栩如生，在当时较为沉闷的艺术表现形式中，这种色彩表现是一种特别的变化。

这件小型雕塑群也是在一处坟墓中发现的。当尼罗河的河水恰好溢出，周边的田地因而变得肥沃时，一位农民牵着两头牛在田里完成第一阶段的农活——犁地。湿润的土地很容易就被犁松，此时，种子撒在牛的前方，当牛走过时，种子就被踩进泥土里。此一雕塑群与我们今天所理解的艺术作品相差甚远，并不是想表现某种生活乐趣，或是下层阶级的生产活动（尽管它是一项珍贵可靠的证据），而只是代表坟墓主人希望在死后永远享有物质供应所需的一种生产活动，有时也是为了表明坟墓主人的身份可能是某些农业生产活动的主管人士。

埃及艺术风格表面看似保守，事实上却并非如此。与《锄地的农民》相比，这件雕塑作品中，犁地农民的双脚和脚踝都陷在烂泥中，这是一种自然写实的描绘，表明在当时也可以塑造出类似这种身体不完整的人物形象。

石英岩雕塑
高 71 cm
宽 45.8 cm
库克夫人遗赠

《端坐的安科瑞克胡雕像》

中王国时期，第十二王朝，前 1985—前 1795

在古王国时期，大部分雕塑通常是为法老制作，也有一部分私人雕塑被放置在他们自己的坟墓里。在这些雕塑作品中，由于塑造的人物不像君王那样拥有至高无上的权力，雕塑家们也没有必须遵循的标准，于是他们便试着用不同的方式来塑造这些人物。后来，由于国家陷入危机，绝对王权的观念被削弱，

虽然当时的雕像作品与古王国时期一样，仍然散发着庄严隆重的气息，但是已不再追求规模大小。

根据雕像上所刻文字对此人身份的说明，安科瑞克胡是一位重要的官员，可能是一位神职人员的监管者。他端坐着，身体被斗篷覆盖得严严实实，光线划过大型却简洁的发饰，在脸部线条上定格，表情庄重而严肃。

硕大的耳朵，在帝王雕塑中很常见，这并非古埃及的一种样貌特征，而是为了表示此人愿意听取百姓的请求。

埃及艺术

《阿蒙涅姆赫特三世头像》

中王国时期，第十二王朝，约前 1800

花岗岩雕像

高 77.5 cm

来自埃及布巴斯提斯的贝斯特神庙

第六王朝末期，法老统治式社会解体，之后很长一段时期被称为第一过渡期，在此期间，中央集权解体并为许多地方独立统治者所取代。在过渡期以前，埃及社会是法老式君主制度，法老被当作社会秩序的维护者，并受到绝对的敬仰，即使是死后，法老的地位也是其他逝者所无法比拟的。随着王国的再次统一，这种文化支柱也随之瓦解。

在第十一王朝时期，法老蒙图霍特普二世重新统一埃及，但他没有恢复在首都吉萨地区修建大型金字塔坟墓的传统。当时，古王国时期不受日光等自然因素损害、体积庞大且令人望而生畏的法老雕像也不再流行，流行的反而大多是一些较为普通的雕像。

值得一提的是，当时的雕塑家以一种全新的方式研究光线和物体的关系，他们发现强光可以凸显表面粗糙的脸部特点。因此，这一时期的一些雕像，例如辛努塞尔特三世和阿蒙涅姆赫特三世的脸部，均较为粗糙。这座雕像的脸部表情，营造出严肃而令人敬畏的气氛，有时候甚至让人觉得他可能是一个残暴的人。埃及艺术的表现形式呈现出较高的统一性，此头像的神情也许意在在遵循此统一性的前提下，呈现阿蒙涅姆赫特三世的过人智慧。

埃及艺术

《法老头像》

新王国时期，第十八王朝，约前 1470

绿岩石雕像

高 45.7 cm

埃及出土

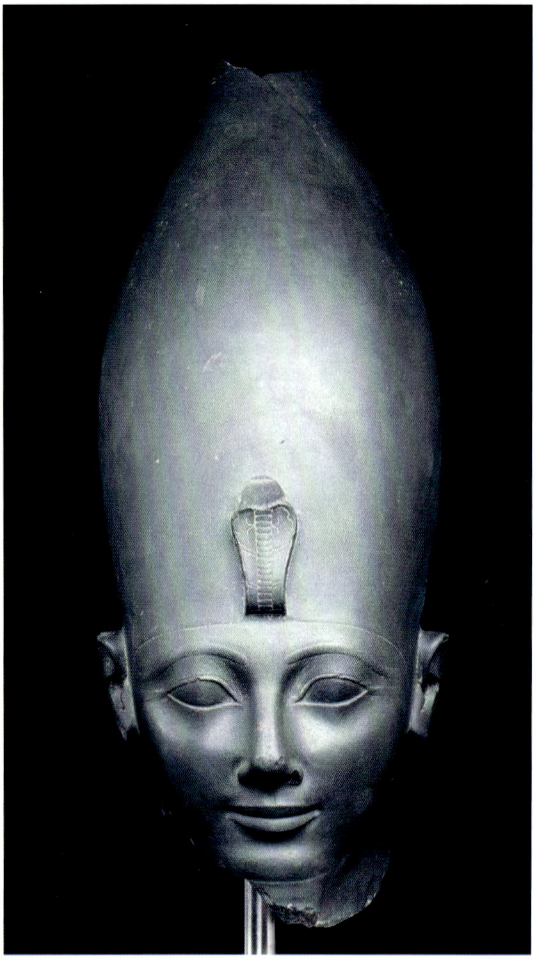

此头像是某座大型雕塑的残存部分，可能是像欧西里斯那样带着白色皇冠的法老形象。欧西里斯是农业之神和生育之神，代表着秩序；而他的敌人赛特则代表风暴和破坏。这种对立使得欧西里斯惨遭敌人杀害并肢解，而他的妻子伊西斯使他复活，这是一个有关欧西里斯反复重生的悲剧神话故事。欧西里斯是最高之神和死亡之神，掌管着宇宙的秩序，也是阴间之神。我们很难确定这件美丽的头像雕塑究竟是属于图特摩斯三世，还是属于在图特摩斯三世年幼时执掌国政的哈特谢普苏特女王。

这两位国王都允许工匠们采用一种特别精细而优雅的艺术表现形式，与中王国时期强调立体感的塑造，以及古王国时期的抽象化表现手法很不相同，这种前所未有的精致优雅更加平民化，打破了严肃的传统道德价值。头像的脸部线条非常匀称而完美，脸部表面经过处理，使得光线能够突出其材质的珍贵；尽管他的五官与形状遵循了一定的制式，但却显得特别优美且讨人喜爱。由此可见，埃及人对美的追求已经融入当时的艺术里。

《内巴蒙宴会图》

新王国时期，第十八王朝，图特摩斯四世或阿蒙霍特普三世，约前 1400—前 1350

壁画

88 cm × 119 cm

1821 年在埃及底比斯内巴蒙陵墓被亨利·索特发现并出土

根据残存的碑文所描述，陵墓主人内巴蒙是一位记录百姓向国王上交粮食数量的官员。陵墓中的十一幅壁画碎片被完好地保存下来，这些壁画用写实手法生动地描绘了一些日常生活、农业生产、家庭、节日、狩猎和祭祀的场景。画中的各个形象完美地结合在一起，人物的优美和色彩的雅致，与中王国时期的粗糙简朴大异其趣。第十八王朝时期的埃及，在经历西克索人的外族统治后经过重新整治，此时的艺术品位是前朝所无法比拟的。这幅壁画碎片描绘的宴会场景，在同时期许多官员的陵墓中也曾出现过，在同时期的雕塑作品中也有体现，它在于表达一种享乐主义，反映出当时新兴阶级对物质有更多奢侈需要的生活特点。

在画中，客人们穿着为节日准备的白色和黄色薄衫，戴着大型假发，头顶珍贵的香蜡，在宴会进行的过程中让其顺着假发流下；奏乐者和舞者跟他们热烈交谈，没有人在吃东西，美酒也满得溢出来。也许这是情欲的影射。画中描绘的场景，也可能在比喻新的生活。

古埃及人通常以香气暗示性爱。莲花和曼德拉草散发的香味，以及他们头顶上的香蜡散发的香味，突出了此画的情欲气氛。

庆祝新生活的欢乐场景和带有情色意味的暗示，凸显了女舞者优雅的舞步。

奏乐者在画面中显得很特别，因为当时很少有画家会选择画人物的正面。事实上，传统的埃及绘画都是描绘人物侧脸。一方面，画侧脸相对简单；另一方面，也避免了所画人物因为形象缩小而变得模糊不清。

埃及艺术

《内巴蒙视察牧群场景》

新王国时期，第十八王朝，图特摩斯四世或阿蒙霍特普三世，约前 1400—前 1350

壁画

58.5 cm × 73 cm

1821 年在埃及底比斯内巴蒙陵墓被亨利·索特发现并出土

画面中，牛群排成整齐的两列被带到需要记录其数量的登记员面前，负责管理牲畜的奴仆毕恭毕敬地向登记员弯腰鞠躬。不同的色彩和带有斑点的彩色牛身，使画面显得生动活泼。中间牧人的手势很突出，他的手臂伸展着，指引整个牛群，就像时下漫画的旁白一样，我们能在边上看到所刻的文字为："往前！动一动！到尊敬的登记员面前可不能放肆吵闹，他讨厌爱闲聊的人，但是他会认真倾听每一个抱怨。你们安静点排好队走过去，他会听取所有人的意见，也知道每一个问题的答案，他是国王的谷物上交数量登记员和监察人——内巴蒙。"

画面中左上角的人物是内巴蒙，但是这部分画面已经残缺不全。这幅壁画传达的是一种欢乐的节日气氛，没有紧张和压迫感，也没有悲伤和痛苦，创作者绘制此画的最大目的是传达一种幸福感，因此他尽情地使用丰富的色彩与优美柔和的线条来达到目的。

《内巴蒙捕禽图》

新王国时期，第十八王朝，图特摩斯四世或阿蒙霍特普三世，约前 1400—前 1350

壁画

83 cm × 98 cm

1821 年在埃及底比斯内巴蒙陵墓被亨利·索特发现并出土

画面中，内巴蒙光着脚站在木筏上，他手执一支飞镖，想要捕射从芦苇中飞起来的一群野鸟。在他准备投射飞镖的手臂上方有一些古埃及象形文字，意思是："他正在享受运动的乐趣，并看着阴间存在的事物。"由于古埃及人喜欢对称，与这幅画面相对称的是内巴蒙用鱼叉捕鱼的场景，在画面左下角我们可以看到鱼叉的顶端部分。毫无疑问，捕鱼的场景是有寓意的：它意味着新生，而被捕获的鱼是新生的象征。

画面中的其他部分带有一点性暗示，如船头的鸭子和内巴蒙的妻子哈特谢普赛特的装束。哈特谢普赛特穿着节日的盛装，头上戴着锥形的香蜡假发，手持一束莲花，这些都带有强烈的性暗示。

埃及艺术

《阿蒙霍特普三世巨型头像》

新王国时期，第十八王朝，约前 1350

这尊雄伟的戴着红色皇冠的头像，出土于西底比斯阿蒙霍特普三世陵庙，西底比斯是古埃及最大的几座城市之一，在那里保留了一些巨型雕像，如著名的门农巨像。此头像所属的雕像发现于陵庙庭院的西面，高度8米左右，全身上下都带有皇室特征。近期，考古学家还发现了与此雕像并排放置的其他许多雕像的残存部分。

这尊头像极高的工艺打造水平和精美的材质令人赞叹。用来打造此雕像的石材是一种颗粒特别细腻的石英岩，它被打磨光滑后折射出一种雅致的光芒。此头像的脸部呈现出完美的弧度，尤其是眉毛和胡子部分。对这些细节处理的重视，要和当时对结构化艺术形式的感知联系起来；与前朝相比，在阿蒙涅姆赫特三世时期，这种感知在对享乐的追求中达到顶峰。头像的脸部线条和五官轮廓清晰度赋予了此头像一种可被观众感知的张力。

石英岩雕像

高 117 cm

宽 81 cm

厚 66 cm

1821 年在阿蒙霍特普三世陵庙

被亨利·索特发现并出土

埃及艺术

《阿蒙霍特普三世头像》

新王国时期，第十八王朝，约前 1350

石英岩雕像

高 23.8 cm　宽 16.5 cm

埃及出土

除了几个特殊的时期（如中王国时期）之外，其他时期法老的头部形象在于展现拥有至高无上权力的王者形象。因此，这些时期的头部形象并不注重脸部特征的塑造和年龄的呈现，而是寻求展现其作为国家秩序的维持者、超自然世界和人类世界关系的维护者，以及永远年轻的形象。

在一些统治时间较长的法老在位时期，自统治的第三十周年起，每三年要举行一次“塞德节”的庆祝活动，使法老能恢复青春。此外，法老还要在一个象征埃及国土的空地上奔跑，借此重新获得对王国的统治。

这尊小型的《阿蒙霍特普三世头像》，很可能是其统治后期的作品，在他统治期间举办了几次塞德节，这尊头像年轻喜悦的面容也展现出一种乐观向上的形象。头像脸部类似古埃及象形文字的优雅线条，在当时相当典型，略为夸张的高耸皇冠凸显了脸部特征，而皇冠上的图样加大眼部和嘴部的倾斜感，表现出线条艺术，因此此形象也与太阳神拉（Ra）的形象相似。

埃及艺术

《化身猫的贝斯特女神像》
后王朝时期，约前 600 年

青铜雕塑
高 42 cm　宽 13 cm
埃及萨卡拉出土
盖尔·安德森少校捐赠

在古埃及，猫生活在沼泽地带，人们为了获得它的毛皮而捕杀它们。古王国时期，猫开始被驯养，好运也不断降临到它们身上。中王国时期，猫的形象出现在墓穴绘画里，一些女性也开始取有“猫”字的名字。在家里，猫的地位很特殊，它们可以出现在主人的座椅下，是主人不可或缺的同伴，它们甚至被带去打猎，帮助人们捕获猎物。猫与人类的亲密关系，很快将它们转变为一种带有宗教意义的形象，它们成为贝斯特女神的象征。

后王朝时期，古埃及首都被迁往三角洲地区的布巴斯提斯，贝斯特女神在这一时期

特别受到人们的崇拜，她被描述成一位头部为母猫形象的女性，更常见的是化身为母猫的形象。为表达对她的尊敬，无数的猫被制成木乃伊葬入其主人的坟墓中。这尊享有盛誉的雕塑制作工艺精良，金耳环、金鼻环和胸前所刻的饰物使其显得栩栩如生。此外，我们还能看到猫神的胸前刻有银色的荷鲁斯之眼，这是它的护身符。

铜的光泽度因为悬挂的金色鼻环与耳环、雕像表面的打造工艺和触须周围的粗糙感得到提升，耳朵和眼睛的轮廓让雕像显得特别生动。它的眼睛可能是用玻璃填充，如今填充物已经丢失。

绿岩雕像
高 38 cm
埃及出土

《法老头像》

后王朝时期，第二十六至第三十王朝，约前 600—前 340

工匠巧妙地利用材质表面发亮的特点，让雕像呈现出深色石材所没有的完美光泽。

这是一尊带有赛特王朝时期典型特征的精美雕像。赛特王朝时期，首都位于尼罗河三角洲的塞伊斯，当时的统治者建立了第二十六王朝，使埃及重新获得独立。这是独立政权第一次在三角洲地区建立，代表着权力中心在南埃及和中埃及开始没落。古埃及的孤立封闭已成过去，如今这个国家已经是各项国际事务的参与者。作为亚述国的附属国，赛特王朝用新的视角看待世界，它开始和腓尼基人，甚至希腊人建立联系。

于是，古埃及文明与如此南辕北辙且难以吸收的希腊文明产生碰撞，埃及人领略其魅力，开始用一种全新方式去重新思考他们的过去。在这种深信自我为世界中心和历史能够不断重复的文化影响下，他们对未来有了崭新的认识。此时的艺术表现出前所未有的怀旧情结，反映在作品中的是无法超越的外形美感和作品本身呈现出的自信，然而过去艺术作品中表现出的王者威严已不复存在。

《罗塞塔石碑》
托勒密王朝时期，前 196

花岗岩
高 114.4 cm　宽 72.3 cm　厚 27.9 cm
1799 年，皮耶・弗朗索瓦・哈维耶・布夏贺在罗塞塔城发现此碑
1802 年乔治三世将其捐赠给大英博物馆

刻有希腊文、古埃及通俗文字和古埃及象形文字的《罗塞塔石碑》，开创了现代古埃及文物学研究的历史。碑上的古希腊文，是一封公元前 196 年颁布、用于彰显年仅十三岁的法老托勒密五世皇室尊严的诏书，这段文字被迅速破解，并被确认跟另两段文字的意思相同。尽管有这些发现，还是很难理解那一段古埃及象形文字，这些文字中出现很多用来表音的字母符号，而那些用形表意的文字符号却很少。

一位自学有成的年轻人商博良在 1822 年成功解读出碑上的文字，发现古埃及象形文字同时具有表音和用形表意的作用；同时他还发现一些被边饰圈起来的文字，正好对应希腊文中托勒密和克丽奥佩脱拉这两个名字。《罗塞塔石碑》碑文的成功解读，带给后世重大的影响，如今学者们几乎能够根据所刻文字来确定所有遗迹和文物的年代。

托勒密和克丽奥佩脱拉这两个名字周围有边饰。商博良发现这段古埃及象形文字中这两个名字的表音符号来自希腊文。

《陪葬的男子肖像画》
罗马时期，100—120

绘于雪松木上的蜡画肖像
高 40.1 cm　宽 21.5 cm
由威廉・马修・费林德・培其挖掘
埃及法尤姆哈瓦拉遗址出土

此画中的人物外貌线条是典型的罗马式线条，类似于略夸张且富有表现力的写实主义手法。

额头前整齐的短发，既让人联想到罗马帝国皇帝图拉真的肖像画，也凸显了画中男子威严的表情。

法尤姆画像是指罗马人于木乃伊脸上绘制的死者肖像。从宗教仪式角度看，这些画像替代了陵墓中的面具；从艺术风格角度看，它们与面具也完全不同。这些被理想化画像的出现，打破了当地的习俗。法尤姆画像属于木板画。木板画是罗马肖像画的一种，继承了古希腊肖像画的特点，旨在抓住人物的脸部特征。

这一类画像的出现，代表着从粗糙的手工艺作品到能用优美创新的艺术语言表达创作物件内心感受的作品的过渡。尽管法尤姆画像的质量没有达到很高的水平，但它们已经表现出人物和人物心理的真实状态，特别是他睁大的眼睛增加了人物的生动性和表现力。当时埃及各国人杂居，多种文化互相融合，这种社会多样性就如同此画中的色彩一样。此画像的绘画手法是蜡画法，颜料与融化的蜡融合，这种画法较为复杂但不易褪色。

苏美尔艺术

《皇后的竖琴》

约前 2600—前 2400

由青金石、金箔、贝壳、红石灰岩、沥青和木头制成

高 112 cm

由里奥纳多·沃利在苏美尔时期的乌尔城发掘

在乌尔城皇室陵墓的挖掘过程中，沃利发现了几把不同的竖琴，其中两把是在普阿比皇后的墓穴中发现的。在这两把琴边上还有一些用金属和石材制成的器皿和10具戴着华丽首饰的女性尸体，这些女性很可能是普阿比皇后的陪葬。

沃利说，其中一名女性的手骨在本应是琴弦的位置，用于在阴间为皇后弹琴，琴弦由于使用有机材料制作，已经消失。这批文物被发现时，琴身的木制部分框架还保留着，修复工人用石膏将此部分复原，根据琴箱上的残留部分，原本华丽的装饰也被复原。如今，我们看到的是已经被修复的牛头，上面的两只牛角是后来加上的，而青金石做成的胡须、眼睛和头饰，都是原始保留下来的。多色镶嵌工艺和黄金牛头自然真实，它们使用的色彩珍贵且不会轻易褪去，这些都是长期以来形成的生命观念的体现。从史前时期开始，牛在庆祝宗教婚礼的仪式上，就象征地神克托尼俄斯的力量。

苏美尔艺术

《跃立于树枝上的公羊》

约前 2600—前 2400

木制主体上有黄金、银、铜、贝壳、青金石

高 45.7 cm　宽 30.5 cm

里奥纳多·沃利在苏美尔时期的乌尔城发掘

胡子和头发由青金石制成，耳朵由铜制成（由于氧化而变成绿色），而口鼻则是用贝壳制成的。

这些用于竖琴和家具的动物造型由珍贵的材料制成，虽然有时这些艺术品显得过于讲究，但它们的目的已经不再只限于增加竖琴和家具的奢华感。

在乌尔城的皇室陵墓中，沃利发现两座一样的公羊雕塑，这是其中一座。它的一些配件已经腐烂而且被某些东西撞压过，在挖掘过程中，沃利使用蜡对其进行初步修复，之后又用原始金属浮雕细工将其复原。它背后的管形部分说明，这是某样家具(可能是一个水盆)的装饰。

雕塑主体是木制，头部和蹄部贴有金箔，腹部贴有银箔，羊角、树木和放养的动物，这样一个表现人类祖先生活特点的代表性场景，在这件雕塑作品中表露无遗。与先前较为抽象的动物艺术形象相比较，这件作品中的动物形象更接近原型，也更加生动可信，这是艺术史上的一个重大突破，也是一次重要的转变，表示人类在处理有形世界中增强了信心。

苏美尔艺术

《乌尔军旗帜》

约前 2600—前 2400

木制主体上的画面，由珍珠母马赛克、骨头、贝壳、与沥青融合的青金石镶嵌而成

高 21.6 cm　宽 49.5 cm

由里奥纳多·沃利在苏美尔时期的乌尔城发掘

画面中的战车利用轮子的发明，用楔形榫头将两片大型的半圆形木轮连接起来，这种轮子至今还能在古代体育场中看到。在空旷平坦的地方，战车是强而有力的战斗工具。

这件物品是在乌尔城皇室陵墓最大的一座墓穴中发现的，当被发现时，它靠在一名男性的右肩上。由于木制主体部分腐烂，加上其他高处坠落物的撞压，它完全遭到破坏。沃利从它的安放位置推测，这是一面固定于手杖顶部的仪仗队旗帜，它的修复过程也根据这个推测进行。这件物品的真正用途，至今还无人知晓，如今又有人猜测这是某种乐器的共鸣箱。

画面上镶嵌部分展现的场景，通常被称为“战争场景”与“和平场景”，其中战争场景描绘的是苏美尔军队获得胜利的情形：由四头驴子牵引的大型战车制伏了敌人，行进中的步兵身披用扣衣针固定的战袍，他们的帽子系在下巴上，长矛被战士们平举着用来威慑战俘，这些战俘被脱去衣服并朝国王走去。我们能看到在画面的最上方，国王头部超过了画面的方框线。

新亚述艺术

《带翼的人首牛身像》

新亚述时期，亚述纳西拔二世，约前 883—前 859

石质雕像

309 cm × 315 cm

1845 年由奥斯丁・亨利・莱亚德发掘，

出土于尼姆鲁德西北王宫的南翼

这是守护亚述纳西拔二世宫殿的一对雕像中的一座，另一座收藏于纽约大都会博物馆。与其他很多被放置在门前的类似雕塑作品和已被世人熟知的神兽拉玛苏一样，这座雕像由不同生物的部分身体组成，集合了各种特点：公牛的力量、鸟的速度和人类的智慧，有些雕像上还有鱼鳞，象征着水上霸权。

雕像总共刻了五条腿，这是因为要使雕像从正面和侧面两个角度看都显得合理，也可能是因为当时的工匠们无法从空间上把一个人物形象合理地融入其中。当时的工匠们没有考虑到从某个角度看，人们可以看到五条腿，而之后类似的雕像都只有四条腿这一事实，说明了随着时间的推移，这种形象已无法被人们接受。

头部的三层皇冠是王权的象征，国王的名字被刻在正面的两腿之间。人物脸部呈现出威权和自信，他的身体富有立体感并刻有一些抽象装饰物。最初，这座雕像是带有多种颜色的，和与它并置的带翼守护神雕像一起被置于歌颂国王丰功伟绩的浮雕前面。

新亚述艺术

《安纳特岛和逃入幼发拉底河的库杜鲁》

新亚述时期，亚述纳西拔二世，约前 883—前 859

雪花石膏浮雕

88 cm × 225 cm × 9.5 cm

1845 年由奥斯丁·亨利·莱亚德发掘，出土于尼姆鲁德西北王宫

由于亚述纳西拔二世时期有战事的历史记载，这件浮雕作品所描绘的事件获得了确认：面对亚述军队转身逃跑的敌人幸运脱险，躲到一座筑有防御工事的小岛上。在描绘国王的战场这一类场景中，敌人成功逃跑，从某种意义上来说，是对将士的警示和激励。然而，这场战斗失败被归咎为国王缺席战斗，国王是所有浮雕作品的主角，他在战斗中发挥着决定性作用，也是唯一一个能决定事情发展过程的人物。

这件王宫的浮雕，让人想起亚述纳西拔二世的壮举，这些事件被搬到殿内墙上由浮雕组成的宇宙秩序图里，每一幅浮雕在墙上的位置都对应了事件发生的地点。事件的相对独立性使得这些浮雕并非千篇一律，上下浮雕被刻在中间的事件文字概述联系起来。这一系列用极富表现力的立体浮雕描绘的事件赋予了这位国王史诗般的意义。

新亚述艺术

《亚述纳西拔二世猎狮》

新亚述时期，亚述纳西拔二世，约前 883—前 859

雪花石膏浮雕

88.6 cm × 224 cm

1845 年由奥斯丁·亨利·莱亚德发掘

出土于尼姆鲁德西北王宫

在王宫的内墙上刻有标准碑文的文字，内容是对国王功绩的颂扬，只有一小部分皇室随从能理解这些文字。它的上方和下方是浮雕板，然而浮雕画面想传达的信息不同：亚述国的贵族大部分是文化水平较低者和外国使者，这些人在看到这些浮雕时，会为生动的艺术语言所描绘的悲壮事件震撼。人们可以从各个层次去解读这些画面，有些人可以辨认出某些画面所描述的历史事件，有些人只能看出这是在颂扬国王的无上权力。

猎狮是一项非常古老的活动，以猎狮作为主题的画面场景可以追溯到至少五千年前。在历史上很多时期，狮子的出现都带给人们很大的威胁，为了保障人们的安全，必须对它们进行捕杀：在亚述纳西拔二世的碑文中写到他猎杀过 450 只狮子。与其他描绘战斗场景的画面一样，此一画面选用舞台布景手法，生动绘制出猎狮活动中最关键的一幕，借此彰显国王的王者力量。

新亚述艺术

《犹太人离开被攻陷的拉克西城》

新亚述时期，辛那赫里布，约前 700—前 681

雪花石膏浮雕

183 cm × 193 cm

1846—1851 年由奥斯丁・亨利・莱亚德发掘，出土于尼尼微西南王宫

这块浮雕是系列浮雕中的一部分，用于装饰在辛那赫里布王宫的浮雕上，描绘拉克西城被包围和攻占的事件。这些浮雕是皇宫中最成功的作品之一，特别是其中一幅鸟瞰图，这幅图没有受到史官各种规定的约束，就当时来说极具创新意义。此块浮雕所用的色彩显得特别生动，增强了画面效果。在上面还有一些与雕刻内容相关的彩绘，这些彩绘原本应该在它上方的墙壁上，但如今已完全消失。

这块浮雕极为准确地描绘了亚述军队攻下拉克西城的过程，而浮雕上雕刻的是这一战事给城里百姓带来的后果：背着战利品的亚述战士押送着打败仗的人们离开这座城市，这些百姓走向黑暗的奴隶命运。在浮雕右侧，还隐约能看到这一幕残暴的场景：拉克西城前被处死敌人的哀号声仿佛又回荡在空气中，两名可能是暴动策划者的囚犯被活生生地剥皮致死。这一画面并无特别的悲剧色彩，亚述国刽子手只是在熟练地执行任务，完成他们的工作。

新亚述艺术

《筑有三层防御工事的城市和骑士》

新亚述时期，亚述巴尼拔二世，约前 645

雪花石膏浮雕

192 cm × 118 cm

1853 年由霍姆祖德·拉萨姆发掘，出土于尼尼微北王宫

亚述巴尼拔二世是最后一位伟大的新亚述君王，也是最后一位王宫装修工程的推动者。王宫中的装饰作品似乎是亚述国的艺术家们不断追求能与王宫石墙相匹配的艺术作品的结果。尼尼微的艺术大师们集中所有石板进行绘制，克服了亚述纳西拔二世时期水平石膏板分散的状况。而早在几十年前，辛那赫里布时期采用了将所有浮雕场景整合在一起的鸟瞰图，他们将浮雕分成上下两个水平部分，中间较小的部分是中楣（如细节图），用来刻字，根据事件的需要，将这些文字上下两块浮雕串联起来，或者分割开来。他们采用这种方法避免了过于死板和模式化，也不至于把人物雕刻得特别小。

这幅浮雕描绘的是一座筑有三层防御工事的城市，有可能是尼尼微城。在上方我们可以看到一幢壮观的建筑物，两尊带翼人首牛身像守卫着大门，旁边有一些顶着圆柱正在行走的巨狮。虽然这些浮雕都没有颜色，但它们都是能展现当时尼尼微城样貌的珍贵证据。

新亚述艺术

《亚述巴尼拔猎狮》

新亚述时期，亚述巴尼拔二世，约前 645

雪花石膏浮雕

192 cm × 188 cm

1853 年由霍姆祖德·拉萨姆发掘，出土于尼尼微北王宫

这幅刻有亚述巴尼拔猎狮场景的浅浮雕被认为是新亚述艺术的巅峰之作，也是古代艺术中最能体现其成就的作品之一，它将庆祝的需要、细节的描绘和空间概念的运用融合在一起。前文曾提到过亚述纳西拔二世参与战斗的绝对必要性，他的参与是每一次战斗获胜的保证；而在亚述巴尼拔时期，国王被解释为唯一一位有权力对其他生命处以死刑的人。画面以国王的动作为中心，这一动作是“杀戮”，猛兽越是愤怒，国王越是镇定地完成拥有最高权力决定者的任务，地上散布着垂死反抗的动物。

此外，我们可以看到狩猎的地点，不再是亚述纳西拔二世时期的野外环境，而是将囚禁在笼子里的野兽放了出来，在士兵和臣民的注视下，从战车辘辘驶过的沙土上，野兽被长矛刺死。当时，国王已经征服了自然界，他没有必要再去完成一些历史壮举，狩猎不再是必要的事，也没有某种象征意义，只是一种略显残忍的仪式。

国王想让全世界知道宇宙是围绕着他转动的，画面中表现出的特点便是国王对其视线和控制范围之外事物的漠视。他不顾后方快要袭击到战车的狮子，只是执着地追捕着远处的狮子。

尽管这头狮子受到致命的伤害，它还是跳起来扑向战车。两名战士举起长矛阻止它，但是长矛无法刺穿它的皮毛，这说明赐死是国王的特权。

狩猎地点已经不再像亚述纳西拔二世时期，需要受到史官的约束；也不像辛那赫里布时期，需要遵循画面的统一性。

艺术家极具创新性地雕刻了一些细条状带，解决了在画面中如何安置受伤和濒死野兽的问题，同时，对残暴的漠视也达到了一定的艺术境界。

新亚述艺术

《亚述巴尼拔和皇后的皇家花园宴会》

新亚述时期，约前 645

雪花石膏浮雕

58.4 cm × 140 cm

1853 年由霍姆祖德·拉萨姆发掘，出土于尼尼微北王宫

这件浮雕可能是某一处的私人住居，装饰上相对比较简单。在这幅描绘皇家私密生活的画面中，亚述巴尼拔的艺术家跳脱常规，他们描绘事物细节的能力已达巅峰状态。画面中，国王惬意地半躺在一张奢华的餐床上，和坐在御座上的皇后愉快地交谈，旁边的侍从们摇着扇子，乐手们吹奏着音乐。

这幅浮雕的画面空间主要由垂直的线条建构而成，这些垂直线条在水平方向上呈波浪形变化，使画面显得较为柔和。然而，在婉转鸣叫的鸟群里与树枝间，出现了敢于挑战亚述帝国的埃兰人泰乌蛮的头像，但他的出现并没有打破整幅画面的和谐，附近还有一些动物在树下休息。这幅画面影射出国王对自然界和其行为有着绝对的统治权。在画面中，亚述巴尼拔的脸部并未完整呈现。

艾色基亚斯

《黑绘双耳陶瓶——阿喀琉斯刺杀亚马孙女王彭特西勒亚》

前540—前530

有艾色基亚斯签名的黑绘陶瓶
高41.6cm
于古希腊雅典制造
出土于韦尔奇

艾色基亚斯是一位陶工和画师，活跃于公元前550年至前525年，是古希腊雅典最优秀的黑绘陶瓶画师。他创作时擅长用同一种深色色彩并刻以图形符号来表现细节部分，他的黑绘技巧在当时无人能及。他所绘制的人物往往神情严厉，画面也集中于人物的一个主要动作，这个动作看似静止，其实却充满内部张力和悲剧色彩。他的绘画大多是关于英雄式死亡和宿命的主题。

这件陶瓶是他最知名的作品之一，阿喀琉斯和亚马孙女王彭特西勒亚的决斗场景，只用了瓶身的一小部分面积，艾色基亚斯将画面定格在这场决斗的最关键时刻，英雄间的决斗必将导致不可避免的悲剧。这两个人物形象被几何图案包围，其中由腿部、胳膊、长矛和目光组成的线条交织于致命的动作中：阿喀琉斯用手紧紧抓住彭特西勒亚，在黑色的面具后是阿喀琉斯坚毅的脸庞，画面永远定格在他举起长矛决定这名女战士命运的那一时刻，女战士毫无防护的身体因失去平衡而快要倒地。然而，这场胜利并无任何荣耀，宿命同时紧紧抓住了他们，这个神话故事终究以悲剧收场。

菲狄亚斯

《命运三女神——克洛托、拉刻西斯和阿特罗波斯》

约前 438—前 432

白色大理石雕像

长度 315 cm

雅典帕提农神庙东侧三角楣饰

1816 年向埃尔金伯爵购得

帕提农神庙建于黄金时期的雅典卫城，当时雅典由伯里克利所领导的民主政府执政。利用提洛同盟向雅典纳贡的财物，伯里克利完成了一项最特殊的建筑工程，他创造出了一种全新的艺术来表现人类与神之间的关系。风格大胆的帕提农神庙是艺术史上的一个转折点，也是之后艺术发展的新起点。

负责建造神庙的建筑学家伊克提诺斯在构思和设计过程中与菲狄亚斯密切合作，神庙中最著名的雕刻群是在菲狄亚斯监督下完成的，这些雕刻群使得雅典众神、众英雄在市民心中显得更加伟大。神庙东侧的三角楣饰雕刻中，最精彩的是雅典娜从宙斯头颅中诞生的场景。然而，一些壮观的人物雕刻遭到阳光破坏，只剩下零散的边边角角。在这个由三位女神组成的雕刻群中，菲狄亚斯对美的理解体现在他对人物位置关系的自由处理中，每一位女神的姿态都符合她和世界及身边女神的关系，我们很难用同一个模式去概括。在宇宙中，每个个体都具有其独特性。

弯曲且分开的双腿形成两个相对的部分，而阳光下的膝盖处相似的弧度和褶皱线条，则使得她的双腿具有整体性，形成一个完整的画面。

在自然的人物姿态和对形体的塑造中，丰满的女性身体展现出人体的美。它不再受当时严格的人体解剖学知识的束缚，从而开创了我们现在所定义的“古典”风格。

菲狄亚斯运用新的雕刻手法呈现衣褶的细节。这些衣褶悬挂在身体上，有些自由地散落着，有些则在暗色处理的地方固定着。在褶皱形成的线条中，每一处光影都不相同。

菲狄亚斯

《男神像——狄俄尼索斯》
约前 438—前 432

白色大理石雕像
130 cm
雅典帕提农神庙东侧三角楣饰
1816 年向埃尔金伯爵购得

三角楣饰的特殊形状迫使雕刻家调整人物的形体，以适应越来越窄的空间趋势。在这样高难度的创作要求下，菲狄亚斯的自由风格和其雕刻的健壮却又柔和的裸体像，创造出无人能及的古典雕塑风格。在这里，建筑的形状不再是雕塑结构的决定因素，而是一个完全敞开接受阳光照射的空间。在这个空间里，这些大型的人物雕塑自然舒展着身体，而不是像过去那样突然出现一个动作。

那些如今仍无法确定是人还是神的大型人物雕塑处于连贯的空间里，他们的姿态非常自然，与过去的古朴风格很不相同。这件雕塑作品并未遵循预设的常规，他的身体从下往上，时而紧张，时而放松，人物表现出的内在活力使得此雕塑异常生动，就如同一个真实存在的人一样。在菲狄亚斯的古典风格雕塑中，雕塑的主题有了新发展，神的形象也开始出现在当时的雕塑作品里。

菲狄亚斯

《月神塞勒涅的战车马头像》

约前 438—前 432

白色大理石雕像

83.3 cm

雅典帕提农神庙东侧三角楣饰

1816 年向埃尔金伯爵购得

马儿睁大的眼睛和张大的鼻孔，表现出它在夜晚长时间飞行的疲倦，而溢出画面的下颌，则体现出菲狄亚斯的艺术风格和现实世界的紧密联系。

雕刻家在左侧雕刻从海水中升起的赫利俄斯的战车和太阳，右侧雕刻正在下沉的塞勒涅的战车和月亮。整个描绘神话故事的雕刻画面很和谐，故事到雅典娜从宙斯的头颅中诞生的场景时达到高潮，内容连贯而统一。马儿生动的头部正在下沉，此时我们仿佛看到它的头正在转动，而随着时光流逝，它也将成为尘世间纷扰复杂的一员。自然和历史的轮回，赋予了神话故事现实的意义；这些由血肉之躯、情感和美建构而成的神话故事，也变得更加生动且贴近人类。三角楣饰上卓越的雕刻群，或许要归功于菲狄亚斯的指导，在这个马头雕刻中，我们可以看出雕刻家对马的头部结构进行了认真研究，并将它真实地展现出来。

白色大理石雕像
高 135 cm
雅典帕提农神庙西侧三角楣饰
1816 年向埃尔金伯爵购得

菲狄亚斯

《伊丽丝》

约前 438—前 432

如果说东侧三角楣饰上人物的衣褶形成了厚重的褶皱，在重力的作用下自然下垂，那么，伊丽丝身上的衣褶则仿佛是被一阵风吹起，摆脱了重力，沐浴在光芒中。

这一处三角楣饰雕刻群展现的是神话中雅典娜和波塞冬为争夺雅典的统治权而进行的一场战斗。最后，年轻的雅典娜战胜年迈的波塞冬，这场宇宙大战也成为雅典娜和

新的政治阶级获胜的标志。与三角楣饰上的其他许多人物一样，这两位神也早已消失，他们原本被雕刻在正中央的巨大台阶上。目前仅剩的这尊雕像，所雕刻的是信使伊丽丝，她正从天堂下凡到雅典卫城，风儿吹起她的薄衫，身体若隐若现，完美地展现了女性的美。

西侧三角楣饰可能是在东侧之后完成的，菲狄亚斯的雕刻风格在创作西侧的雕刻时有了新发展。在雕刻被风吹起衣衫而显露身体时，他借助光线投射到物体表面形成光影变化，而非雕刻本身塑造出的自然形象和姿态。这座代表新雕刻手法的《伊丽丝》，预示了雕刻发展的未来，从此雕刻的形象不再受传统和周围环境的约束。菲狄亚斯吸收并继承古朴风格的精华，采用人类的视角审视众神，在他的雕刻中重新创造了众神形象的精神和神话的象征。

菲狄亚斯

《雕刻有半人马和拉皮斯人之战的排挡间饰》

约前 440

白色大理石浮雕

134 cm × 127 cm

雅典帕提农神庙排挡间饰

1816 年向埃尔金伯爵购得

一般认为，排挡间饰上雕刻的创作时间，要比神庙其他部分的雕刻群早一些。事实上，这些雕刻简洁的风格，也与菲狄亚斯的艺术风格大相径庭。而根据普鲁塔克的一段记录，菲狄亚斯“指导监督着所有雕刻工程”。因此很有可能的是，

此雕刻人物形象硬朗，姿态略显僵硬，这可能是菲狄亚斯指导下的一件雕刻作品。从清晰度来看，细节的处理更偏向于绘画，人物上半身刻意的扭曲更像《掷铁饼者》的风格。

帕提农神庙的雕刻性装饰，包括 92 块刻有神话故事中战斗场景的排挡间饰，如今大部分已经遗失。南面部分雕刻拉皮斯人和半人马激战的场景：受邀参加皮利多婚礼的半人马们，在宴会上喝醉后企图强行侵犯女人。这个神话故事隐含着正义和黑暗、理性和本能的斗争，这种斗争终结在伯里克利执政的“黄金时期”。

这项雕刻工程由许多雕刻家共同完成，他们参与菲狄亚斯风格的形成和迅速发展，既非一朝一夕，也并非没走过回头路。但需要承认的是，菲狄亚斯为这些排挡间饰的雕刻提供图纸和模型，用了更为刻板的古朴风格。

菲狄亚斯

《泛雅典娜节的细节部分：赫尔墨斯、狄俄尼索斯、狄蜜特和阿瑞斯》

前 440—前 432

白色大理石浮雕

高 100 cm

雅典帕提农神庙东侧内墙饰条

1816 年向埃尔金伯爵购得

在一场宴会上，他们像人类那样随意地坐着，赫尔墨斯和狄俄尼索斯如同朋友般亲密交谈。

如果不是因为站立时比人类要高出许多，实在看不出他们与那些前去朝圣的雅典人有何不同。

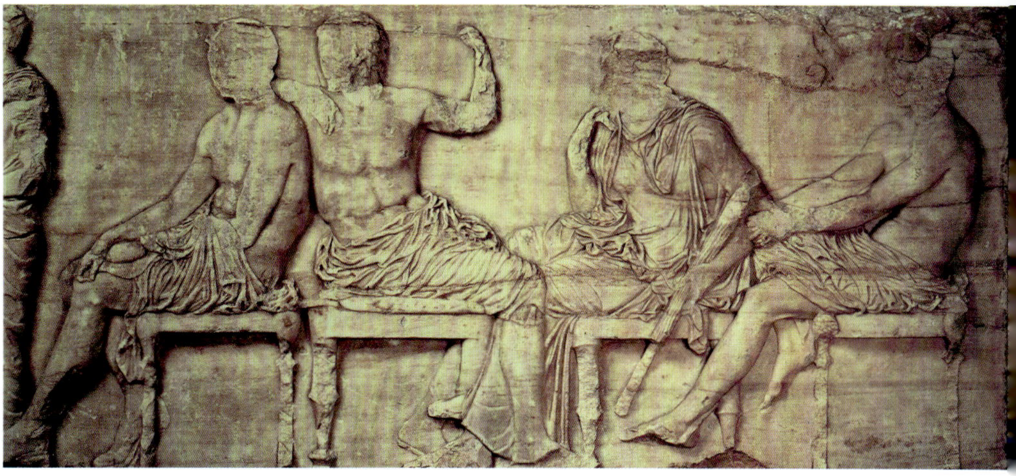

帕提农神庙的内墙饰条沿着内墙向四边展开，总长 160 米，宽度 1 米，大英博物馆差不多收藏了一半。雕刻内容表现的是泛雅典娜节上的游行队伍，这个节日每四年举行一次，目的是纪念雅典城的建立。参加游行队伍的有地方行政官、献祭品的百姓、乐师、骑士和各个社会阶级的代表。游行队伍带着祭品和一件绣有雅典娜故事场景的珍贵绣袍，从凯拉米克斯区出发，朝向卫城前进。队伍从内墙的西南角出发，在刻有奥林匹斯山的东侧饰带上会合，这一侧正好是神庙的入口，游行的队伍到达这里后，向雅典娜献上新的绣袍。

在现实中，游行的队伍也是在到达神庙入口时停止前进。此时，艺术使得雅典人的荣耀和奥林匹斯山上众神的关系在永恒中得到升华。画面沿着内墙缓慢展开，在众神出现的地方达到高潮。令人惊讶的是，自认为高人一等的他们，竟然像人类一样随意地坐着。

菲狄亚斯

《泛雅典娜节的细节部分：骑士》

前 440—前 432

白色大理石浮雕

高 100 cm

雅典帕提农神庙西侧内墙饰条

1816 年向埃尔金伯爵购得

这块雕刻饰条位于西侧内墙与东侧内墙的交界处。画面中的第一名骑士驾着马快速前进时，突然向后转过身来，将左手举过头顶，示意后面的马儿停下来。后面官员在队伍中步行前进，他们控制着游行的队伍，这对在西北转角处两侧的画面，既有区分又有衔接作用。紧跟其后的骑士也不得不紧急叫停，他的马儿被缰绳一拉几乎要直立起来，这个缰绳与饰条中其他金属质地部分一样早已消失，现在能看到的只是大理石表面用于固定它的圆孔。这两名年轻的骑士，似乎正为了赶上前面的队伍而加速前进。前面一名骑士的手势在饰条的其他部分也曾出现过，这可能是一种信号，用于画面从一侧向另一侧的转角处，以连接两个不同的部分。

我们看到很多类似的场景，这在现实的游行队伍中都是很有可能出现的小插曲，对这类事件的描绘与作品的高度完整性形成对比。整件作品是菲狄亚斯风格对雅典人民族信仰的一种诠释。这种民族信仰的形成和发展，从远古的神话故事一直发展到现代，这是一个不断变化的历史。

菲狄亚斯

《泛雅典娜节的细节部分：骑马的勇士》
前 440—前 432

白色大理石浮雕
高 100 cm
雅典帕提农神庙北侧内墙饰条
于 1816 年于埃尔金伯爵购得

画面中，一名少年正在替前面的骑士系腰带，前头的裸身男子手持着拴马的缰绳，转向后头，画面的节奏感逐渐增强，最后集中呈现在最左边的骑士身上。尽管雕刻板很薄、雕刻深度有限，整个画面却仍然富有强烈的真实感，使我们注意到一些看似毫无关联的细节。游行队伍蜿蜒前进、浩浩荡荡的画面给人一种神圣感，就像所有人都能参加的仪式，而这种仪式可以带领人们超越某个特定的时代。

在集体参加的大工程里，菲狄亚斯担任总指挥，在工作上给予雕塑家们自由发挥的空间，共同塑造出各个群雕，定义出形体的完整性，然后再根据建筑物整体的收缩和扩张，将它划分为不同的形式。菲狄亚斯在描绘人类通往神性的旅途时，运用的既非自然的表现形式，也非人为的造型结构，他能在极为有限的厚度内，雕刻出如此气势恢宏的游行画面，实在令人惊叹。

画面中有很多向上的线条，如少年正在系腰带的手臂、成年骑士搭在马鬃上的手臂等。而浮雕的第二层中，骑士抬头挺胸，与身后低垂着头的两人形成鲜明对比。

这幅浮雕作品最成功的人物刻画，就是中间这名裸身的年轻人，他的右前臂几乎与马鬃融为一体，而他的身体却转向左边。整个饰条内部充斥着一系列错综复杂的关系：每个细节都有相应的解读，同时又与整体有着千丝万缕的关系。

浮雕的节奏感是透过下肢的交叠而呈现的。人和马走路的步调，包括第二层一匹突然加速的马，这一切都设计得恰如其分，使整个画面富有节奏感。

希腊艺术

《涅瑞伊得斯纪念碑》

前 390—前 380

大理石和石灰石

部分重修

1838 年在桑索斯由查理斯研究员挖掘

桑索斯曾是利西亚海岸最繁荣的城市，它丰富的艺术和建筑形式，反映出它曾受到利西亚传统与希腊的影响。涅瑞伊得斯纪念碑是当地一座既现代又兼具独特希腊风格的建筑，这座建筑正面和墓室正面，都被重新翻修过。展厅中还展示着其他重要的建筑和雕刻元素。

这原本是一名野心勃勃的统治者的爱奥尼亚式陵墓，它建在一座高耸的墩座墙上，墩座墙的四周全是叙事浮雕，各圆柱之间还有按照实际尺寸制作的海中仙女雕塑，柱顶也有浮雕。这是展现古风时期装饰风格的完美实例，而这种古风时期的装饰风格对雅典建筑的影响已逐渐式微，如厄瑞克忒翁神庙和雅典娜胜利女神神庙，通过明暗对比的视觉试图消除这种建筑形式的影响。

自伯罗奔尼撒战争之后，希腊社会变得动荡不安，同时，菲狄亚斯的“古典理想”也宣告结束。这座雕塑能勾起人们原始的欲望，给予世人一种似曾相识的感觉，因为它在帕提农神庙里的雕塑中也曾经出现过。

希腊艺术

《摩索拉斯陵墓的巨大雕像》

约前 350

高约 300 cm

于土耳其博多鲁姆出土

1856—1857 年，由英国的考古学家查理士·牛顿爵士挖掘

这座陵墓堪称公元前 4 世纪的艺术代表作，为古代世界七大奇观之一。它位于小亚细亚海岸的哈利卡纳苏斯城（今土耳其博多鲁姆），是一座规模宏大的陵墓，里面埋葬着卡利亚王国的总督——摩索拉斯。自此以后，摩索拉斯就成为所有英雄陵墓的统称。

这座气势恢宏的陵墓高 45 米，里面有数十座巨型雕像，塔顶是一座古代驷马双轮战车雕像，墩座四周还有各种精美的雕塑。这座陵墓早先已被摧毁，后来得益于古罗马博物学家老普林尼的详细描述，我们才能够粗略地了解其大致结构。在大英博物馆中的这座雄伟肖像雕塑，是该陵至今发现的最完好的雕塑。

这件宏伟壮观的雕塑，主角是一位东方王子，在该雕塑的下方描绘着群众暴动的画面，从一定程度上反映出王子内心的焦躁不安，他恶狠狠地斜视前方，并略带些许忧虑。这是古希腊雕塑首次出现陌生的外族人肖像，人物的表情非常悲怆，似乎还有些许敌意。

《哈利卡纳苏斯陵墓楣板上的浮雕》
约前 350

大理石
高约 100 cm
于土耳其博多鲁姆出土

据老普林尼表示，所有雕塑都是由当时最著名的四位雕刻家提莫西亚斯、史卡帕斯、伯亚克西斯和李奥查理斯完成。仅存的基地浮雕描绘的是亚马孙女战士和希腊人作战的场景，有着极为深刻的寓意、相互渗透的风格和独特的手法，看起来像一人全部完成的似的。

这些浮雕的外形轮廓有的是三角形，有的是四边形，完美的搭配符合作品的动态要求，同时构成一系列动作展开的骨架。这种节奏感，由相互交错的对角线表现出来，空白处之间的衔接也非常完美；刻画的众多人物形象也都释放出内在的活力，充满立体感，非常逼真。提莫西亚斯似乎保留了一些传统手法；史卡帕斯着力表现人物的残暴；而李奥查理斯更是将这种残暴表现到极致，甚至有些歪曲了人物的形象。

草原艺术

《阿姆河宝藏中的狮形格里芬金属浮雕》

波斯阿契美尼德王朝，前 5 世纪至前 4 世纪

金质浮雕

宽 6.15 cm

1877 年于阿姆河沿岸出土

1877 年，三名穆斯林商人于塔吉克的古城废墟中发现了阿姆河宝藏。后来，这三人被阿富汗强盗虏获，由于英国伯顿将军从中说情，他们才得以被释放。为报答伯顿将军的救命之恩，三人送给将军一只阿契美尼德手镯，现在手镯被保存在博物馆里。这座宝藏保存了当时该地区的一些珍贵藏品，还有之前流传下来的其他地区藏品，在历经几番波折后，才终于进入了博物馆。

这些宝物之所以出现在巴克特里亚地区，主要是因为马其顿王国对阿契美尼德帝国征服期间的疯狂掠夺。最晚发现的宝物，要追溯到公元前 3 世纪，也就是阿契美尼德帝国时期，而金银器的制作历史则要追溯到公元前 3000 年，即美索不达米亚时期。这些金属器具的最初用途，还不得而知，但是很显然它们都属于“兽形风格”流派，这个名称暗指草原上游牧民族的生产活动，记录了寻找珍贵金属的波斯人与北方游牧民族的密切关系。

塞尔特艺术

《巴塞－犹兹酒壶》

约前400

这两把酒壶是重要宴会中用来倒葡萄酒、啤酒或蜂蜜酒的器具，由盗墓贼在塞尔特族的坟墓里发现，它们似乎是法国东部一位技艺高超的工匠所制作的，并被认为是塞尔特金属工艺的杰作之一。它们的外形复杂而独特，只有当地的贵族才可以使用。壶的把手是狗或狼的造型，这是希腊的传统，这一传统在当地反自然主义语言的风潮中，已日渐衰退；壶嘴下面是棕榈叶的造型，它在塞尔特文化中非常普遍，这种传统可能起源于埃及，经希腊传播到这里；壶嘴顶端的飞禽造型和镶嵌的珊瑚、珐琅都是塞尔特文化的代表元素。这两把酒壶的出土在文物拍卖界掀起了轩然大波，最终由大英博物馆以5000英镑的价格购得。

青铜镶嵌珊瑚和红色珐琅

高39.6 cm

1927年出土于法国的巴塞－犹兹

塞尔特艺术

《巴特西盾牌》

约前 350—50

这块盾牌极为珍贵，是一块镶嵌珐琅的镀金铜盾，而当时的盾牌一般都是木头材质，外面由皮革包裹。这块巴特西铜盾的大小适中，看起来不像使用在战场上，而是塞尔特族冶金工艺的代表作品之一。它像其他武器一样，被丢弃在泰晤士河里，像一种祭品或是向河神许愿时的贡品。

盾牌经过精细打磨，外表非常洁净，具有强烈的平衡感。三个圆形浮雕图案之间，运用做工精美的红蓝珐琅相连接。光亮的外表给人一种抽象和优雅的美感，蜿蜒的设计和微妙的平衡感被工匠拿捏得恰到好处。这种“新古典主义”的形式和流动的节奏，使得它与其他价值连城的“野蛮”物件不同，因为它们会给人带来恐惧和空虚感。

镶嵌珐琅的镀金铜板

高 77.7 cm

发现于伦敦泰晤士河的

巴特西桥下

罗马艺术

《波特兰花瓶》

奥古斯都时代后期或泰比里厄斯时代，约 5—25

波特兰花瓶是现存最精美的古罗马宝石玻璃制品，做工精良，但遗憾的是，最初的锥形脚架已经不复存在。由这只精美的花瓶可看出，奥古斯都时代宝石玻璃制品的制作工艺已经非常高超。其制作方法是先将深蓝色的玻璃吹制成型，然后将温热的深蓝色玻璃瓶浸入盛有白色不透明玻璃液的容器中，将二者合而为一，同时尽量避免里面的气泡和两种玻璃的局部融合。

成型后的花瓶是不透明玻璃，待花瓶冷却后，在外层白色的不透明玻璃上雕凿精美的图案。白色图案会提高背景颜色的亮度，同时，白色人物浮雕本身各个部分的亮度也不相同，这是通过雕凿深度的不同来呈现的。从表面上看，雕刻的意象以爱情或婚姻为主题，但似乎也寓意着奥古斯都王朝的诞生，用来歌颂君主的功绩。雕刻所表现的艺术风格清晰而干净，这是此一时代特有的新雅典风格，其中也夹杂着一些古希腊艺术风格的元素。

玻璃制品
高 24 cm
直径 17.7 cm
可能来自罗马

罗马艺术

《面具式头盔》

罗马帝国时期，1 世纪末至 2 世纪初

青铜雕刻
高 27.6 cm
1796 年在汤利家族收藏品中被发现

这种防护头盔仅供骑士中的精英部队使用。它由两块薄薄的铜片组成，这两块铜片由皮带和搭扣连接在一起。面具的正面被若干发束环绕；嘴唇半开半闭，眼睛微微眯着，表现出一种幽怨而令人难以捉摸的表情；前额上雕刻的是城墙图案，在头盔的顶部是精心雕刻的骑士和步兵图案的浮雕。骑士的表演非常精彩，他们的目的在于训练部队，使部队始终能够保持较高的作战能力，同时向人民展示强大的军事力量。

这种头盔被广泛应用于希腊人和亚马孙女战士之间的激烈交锋中，因为在亚马孙，男人和牲畜都不能参与作战。在所有的作战装备中，头盔最引人注目。这件头盔是一名孩童于 1796 年在一处铸造或转售金属的地方发现的。

这些做工精良的头盔只是一些专业人士的军事装备，它们是特权阶级的象征。值得一提的还有耳朵前面的发束。

灰绿色页岩
38.7 cm × 23.5 cm × 20 cm
位于印度西北部的犍陀罗
为狄格顿·波洛克的遗物

犍陀罗艺术

《佛头》

1 世纪至 5 世纪，很可能是 2 世纪

犍陀罗是印度的一个古国，位于阿富汗的东南和巴基斯坦的西北部地区。公元前 6 世纪，犍陀罗被波斯阿契美尼德王朝征服，后来，又被亚历山大大帝统治，古希腊文化开始在这一地区盛行直至公元

190 年。犍陀罗历来是兵家必争之地，同时也是古希腊文化和亚洲文化交汇的所在。公元 1 世纪到 5 世纪，犍陀罗处在贵霜帝国的统治下，这里的文化艺术非常兴盛，“犍陀罗艺术”就专指这一时期的艺术形式。由于特殊的地理位置，这种艺术形式的形成受到古希腊、古印度、古中国、中亚和佛教的影响，主要表现在城市规划、建筑风格、浮雕壁画的空间表现和人物形象的结构设计等方面。

这尊佛头天庭饱满，由于光照的原因，额头的棱角看起来并不清楚。高耸的螺型发髻、大弧度的长眉，都流露出佛祖的宽厚与仁爱。从眼窝的设计可看出，佛祖内心清净，排除世俗一切干扰，潜心于冥想修行。

罗马晚期的基督教艺术

《普罗杰塔的首饰盒》

约 380

镀金银器

54.9 cm × 27.9 cm

于罗马制造

这件作品在1793年于埃斯奎利诺山的一个贵族家庭中被发现，它被藏匿于动荡不安的年代，或许是在公元410年西哥特人攻占罗马城的时候。根据记载，这个首饰盒是新娘普罗杰塔的嫁妆，她是一位虔诚的基督徒，而新郎塞昆德斯却来自一个显赫的异教徒家族。首饰盒上的神话人物浮雕紧挨着基督教人物浮雕，开启了4世纪后半期异教与基督教之间和睦相处的局面。

在这个时期，仿古主题的装饰开始流行，朴素的自然主义与清晰干净的艺术风格紧密地联系在一起，而这种艺术形式在当时只属于宫廷和贵族阶级。在基督教面前，异教那种试图拯救旧世界的想法逐渐消失。异教徒的形象只发挥了简单的装饰作用，然而这已足以说明，如果不考虑宗教的基本价值观，意识形态上的和谐相处是完全有可能的。

PROIECTA

拜占庭艺术

《大天使米迦勒》

约 252—550

象牙浮雕　可拆合双联板

42.8 cm × 14.3 cm × 0.9 cm

出土于君士坦丁堡

象牙是一种非常稀有且珍贵的材料，一般被用来制作雕刻精美且极其贵重的物件，随着时间流逝，这些物件的表面会附着一层深浅不一的铜绿。整个罗马帝国时期，尤其是君士坦丁堡的前几个世纪，象牙是制作官方物件的专用材料。在基督教领域，双联板浮雕同样象征着特权，最初被用来制作宗教祭礼上的纪念碑，后来又被拿来制作主教的墓碑，有时候还被用来制作一些特殊陈设物品。收藏于大英博物馆中的双联板是现存最大的拜占庭象牙浮雕，它带有一种庄严的古典

主义印记。然而，浮雕中人物与壁龛之间的关系和多处细节描写都说明，古典主义只是浮于表面，这件作品完全属于一种反自然主义和反古典主义的拜占庭艺术。

对雕刻工艺形式上的严格要求，体现出雕刻家在细节表现方面的高度专业性。人物和架构，如体积或空间关系的安排，都不在艺术家的考虑范围之内。

丝绸
长 29 cm
很可能来自上埃及的艾赫米姆

科普特艺术

《丝绸面料》
8 世纪初

这块珍贵的丝绸用彩色的历史故事画做装饰，这样的艺术表现形式在罗马帝国时代非常受欢迎，并

被用于制作服装。基督教传入之后，一些富裕的基督教徒们开始流行穿戴一些把福音场景作为装饰图案的服装，这种做法受到一些神职人员的强烈谴责，但因为僧侣们所穿的服装同样以福音场景作为装饰图案，这种风俗就被一直沿袭下来。至今保留下来的丝绸面料都是一些碎布，大部分来自信奉基督教的埃及，即科普特。如果在最初几个世纪，传统元素依然在创作风格中占据主导地位，其中的基督教价值观也被充分肯定的话，那么现在这种艺术形式则会变得模糊而抽象。在古老的中东地区，纹章学和人物形象的研究占有非常重要的地位。两个互为镜中像的人物图像表现的是一位骑着马的皇帝，下面还有一位手握长矛的士兵；布料的上半部分描绘的是一个抽象的花卉图案。

这块布料很可能是用来装饰袖子的。反自然主义的图案被竖直地平铺，目的是充分利用所有可用的空间，这个画面安排得不是非常整齐，甚至有点杂乱无章。

盎格鲁–撒克逊艺术

《包的搭扣》

7 世纪初

黄金材质

石榴石、玻璃和珐琅镶嵌

非珠宝材料的背板用的是鲸须和象牙

鲸须和象牙现已腐朽，以白色的金属板替代

长 19 cm，由佩蒂夫人捐赠

萨顿胡船葬的遗址是英国最重要的考古区域之一，这里的文物经常遭到非法挖掘，直到 1939 年，在一场有组织的挖掘活动中，人们发现了一艘船，这艘船象征性地将死者运送到阴间。事实上，船上装满了家具、武器和私人用品，唯独没有死者的遗体。因此，这很可能是一个用来纪念某个国王或高级官员的船。

这个黄金材质带扣的包里，装满了金币。搭扣表面用七块金片和景泰蓝做装饰，并将大小不一的石榴石组合在一起，呈现出一种天马行空的艺术效果，其中三块刻有植物和几何图案，而下面的四块则是人兽图案，左右两边完全相同，互为镜中像。下边的图案是一个被两只狼夹击的人，中间则是一只抓着猎物的鹰。

卡洛林艺术

《苏珊娜的故事》

约 855—869

水晶石

镀金铜框于 15 世纪添加

直径 11.5 cm

1855 年于拍卖会购得

宝石雕刻艺术在罗马时期非常盛行，在卡洛林文艺复兴时期发展到鼎盛，这一时期尤其偏爱做工精美的手工艺品，并逐渐培养出人们对透光材料雕刻作品的欣赏能力。在保留下来的众多作品中，洛泰尔二世时期雕刻的精美绝伦的水晶制品毫无疑问是最具代表性的。它既吸收了此一时期兰斯派的雕刻技法，同时又继承了罗马时期写实的人物表现手法，从而形成了特有的艺术风格。当时正处于现实主义时期，实际上它们都源自伟大的近古绘画艺术，在宫廷古典主义的背景下，每部作品的创作似乎都是一次复兴活动。

在这件作品中，年轻的苏珊娜在洗澡时，被两名心怀不轨的长老陷害，他们设此阴谋拐骗她，遭到诬告的苏珊娜在公审中被判处死刑。这时丹尼尔出现了，两名长老的事败露，他们最终被处以极刑，众人用石头把他们砸死了。这件华丽的水晶雕刻品是专门为国王制作的，同时它也象征了公平、公正的审判。

年轻的苏珊娜正准备洗澡，这时，两名长老向她走来，并且巧言令色地诱拐她，他们威胁苏珊娜，如果她不服从的话，就会把她送上法庭。对周边的植物和围栏的详细刻画增添了画面中的紧张气氛。

从图中我们可以看出，他们是在户外被处以极刑，但分辨不出具体的地点。他们的命运如他们内心的邪恶一般，紧紧地联系在一起。

画面中的人物非常丰满，都是透过多处细节来表现的。场景中包含的建筑元素只发挥了单纯的指示和说明作用。近古时期的艺术只注重表现人物形象，对环境的描写则不太注重。

SVSANA
FECERQE IS SICVTMA LE
EGE RANT
LOTHARIVS REX FRA
ETSALVATVS
NOXIVS
RECE MENTITITVSES
INVETE RATEDI
ERMALO R

ERIIVSSIT
MITTETEAD
SVSA N
NA
MI SER
MANVS
EVQ DVCE
RET ADMORTE

玛雅艺术

《石头》

古典时期，250—900

石块

34 cm × 40 cm

出土于洪都拉斯的科班

由维多利亚时代的探险家莫兹利捐赠

这个雕像的脸部和嘴唇线条分明，而且嘴唇比较丰满，整个雕塑栩栩如生，反映出高超的雕刻技艺。

明亮的光线从脸上划过，凝结在鼻子和嘴唇上。

这个时期的雕刻作品都非常具有代表性，主要可分为两类：一是单独的作品，如石碑和祭坛；另一种是纪念碑似的雕刻作品，如门楣、门框、墙板等。遗憾的是，正如我们将要介绍的这个头部雕像一样，很多雕像不仅脱离了其原来的建筑结构，甚至与其框架或所属的整体部分分离。这些珍贵而零散的雕塑作品，其艺术价值并非体现在审美方面，而主要在于其蕴含的深层含义。

很少有雕像被完整保存下来，正因为与其他雕像部分已经分离，所以很难做出正确解读。其中大部分是浮雕，而且使用的颜色都很鲜艳。科班的很多石碑上都描绘了一名戴着各种珠宝的人，他的衣着非常讲究，应该是位达官显贵。由于很难识别碑上的文字，所以我们对所刻画的人物一无所知，甚至连雕刻时间也无法确定。

石灰石
139.5 cm × 85.7 cm
出土于亚斯奇兰
由莫兹利捐赠

玛雅艺术

《亚斯奇兰的二十五个门楣石刻浮雕》
古典时期后期，600—900

作为古典时期后期纪念碑式雕塑的艺术，亚斯奇兰于 19 世纪被阿尔弗雷德·莫兹利发现。其中最主要的 23 件雕刻作品，包括这件雕塑，都完成于公元 692 年至 726 年。这一时期实行的是一种严格的神权统治制度，因此，这一时期的艺术和建筑作品大都以此为主题。每个结构上都有三个门楣石刻浮雕，这是玛雅艺术的典型元素。现在要介绍的门楣与其他两个门楣搭配在一起，其中一个描绘的是“割舌”的酷刑。

这件雕塑的右下角描绘的是玛雅国王的第二任妻子，这很容易让我们回想起特奥蒂瓦坎古城中的羽蛇神，还有纪念国王登基的取血仪式。据说，蛇神象征祖先或王国的创始人，至于从它口中喷射出的东西却无法辨认。

这块玛雅浮雕作品已经开始缓慢下陷，它生动地还原了这一时期所盛行的宗教仪式。

顾恺之

《女史箴图》（局部）
唐朝，6 世纪至 8 世纪

绢本设色
长约 250 cm
高 25 cm
1903 年购得

这幅画卷是东晋著名画家和文学家顾恺之的代表作品之一，很可能是唐朝人的摹本。由于年代非常久远，原作早已失传，留存至今的只有后人的摹本。这部画卷的创作初衷是教化训诫，是顾恺之以西晋著名文学家张华所作的《女史箴》为题材绘制的；在《女史箴》中，作者以女史官的口吻教导宫中妇女，要以封建道德标准来规范自己的行为。红黑线条外加边缘模糊的阴影是 4 世纪的特色，据史料记载，这种画法源于当时的陪葬画。后人将顾恺之的作画风格比作春蚕吐丝，以此来形容其风格的细腻、连贯、活泼而又不失力度。

顾恺之秉承着“人类中心主义”，作品中的人物描写远远多于风景描绘，这与唐朝末期传统水墨画有很大不同。该画的线条细柔婉转，尤其是衣褶、饰带和发型的线条表现，在绯红色背景和色调的明暗变化中显得更加优美，这种画法在随后几个世纪都深受人们的喜爱。

皇帝的发髻非常精致，它就像是一种强烈的标志。发髻婉转的线条与突然出现的黑熊线条似乎存在着某种密不可分的关系，于是产生了千古流传的“冯媛挡熊”的故事。

身为皇帝妃子的冯媛，在黑熊正要袭击皇帝时，冲上前去为皇帝挡熊。画中的黑熊在长矛下就像一只丧失了攻击能力、畏缩不前的狗，对比之下更能衬托出冯媛的英勇无畏、贤德忠君。

在场的嫔妃们都保持着一种弯曲的姿势，这一构图使画面有张有弛、相互关联。在这幅画中，人物刻画和画面的整体构图同样精细。

中国佚名艺术家

《陶瓷罗汉》

辽代，907—1125

彩陶制作

高 130 cm

出土于河北省易县

这尊雕塑是抽象价值和实体特性的结合，尤其体现在棱角分明的脸部线条上。他的表情平静而凝重，并且被深深内化，体现出其想要实现永恒精神的强烈渴望。

中国在唐朝时再一次实现了大一统，其领土已延伸至中亚、中南半岛和朝鲜半岛，并且同邻国伊朗和印度的交流日益密切，成为古典文明的传承者。由于对外开放的程度比较高，中国受到国外重要艺术风格的影响，开启了“中国古典艺术”时代，尤其是制作精美的陶瓷，被大量出口到国外。之后，唐朝的统治虽然终结了，但陶瓷的制作工艺却被延续下来，这尊雕塑以黄、褐、绿为基本釉色，这类陶器后来被人们称为“唐三彩”。

相传罗汉都是佛祖释迦牟尼的弟子，他们有神奇的力量，坚信只有谨遵老师的教诲，方能获得精神的永生。这一雕像的复制品被摆放在寺庙入口处佛像的两侧，雕像中的罗汉在一块石头上打坐，下面还有一张打坐垫。僧袍上的拼接线条好像是衣服上的装饰，同时也象征着罗汉的谦逊。雕塑主要由曲线和椭圆形元素构成，整体呈三角形结构，暗指其在努力达到内心的清静安宁，摒除一切世俗欲望，以实现灵魂的升华。

由鲸须和海象牙雕刻而成
最高为 10.2 cm
发现于苏格兰赫布里底群岛的路易斯岛

挪威艺术

《路易斯西洋棋》

约 1150—1200

每颗棋子都好比一个小型的罗马式雕像，虽然雕刻简单，但很容易就能区分出国王、王后、主教、骑士和步兵，每颗棋子都像一个小石柱。

大约在公元 6 世纪末期，欧洲贵族阶级发现了一种新的娱乐方式，这个游戏源自东方。它之所以受到人们的喜爱，在于其中隐含的技巧和风险，整个过程就是双方棋子的博弈，由棋子所代表人物的等级和职位来决定输赢。大英博物馆收藏的这副西洋棋，当时被保存在沙堆中的一个容器里，因此，后人就称它为“路易斯象棋”，这很可能是中世纪最重要、最精致的一套小型雕塑作品。

如今已无法得知这副西洋棋当时的所有者是谁，及其为什么被埋藏在地下。它看起来非常新，共有 93 颗棋子，至少是 4 副西洋棋，其中有一些由鲸须和海象牙雕刻而成的棋子被找到时，上面有一些红色的痕迹，这让我们想起了现代象棋中红黑两组的布局。

谢楚芳

《乾坤生意图》(局部)

元朝，1321

画卷

28 cm × 836 cm

大英博物馆于 1998 年购入

蒙古人对中原地区的侵扰最终获得的胜利，即是元朝的建立，这一时期的艺术仍保持着繁荣发展的势头。这幅画卷的作者名气并不大，虽然蒙古人看似未对中原人的艺术形式产生直接影响，但版权页对该画卷的主题做了如下说明：自然界的美好和光明，可以掩盖昆虫之间为了求得生存而引起的混乱无序。

这幅画卷描绘了很多动物：蟾蜍埋伏等待着正在肢解蝴蝶的蚂蚁，蜻蜓袭击捕获到一只小昆虫的蜥蜴，以及螳螂捕蝉等。这种昆虫间为了求生存而进行的激烈斗争，很可能是为了影射当时中国知识分子在蒙古族统治之下艰难的生活状况：是要为蒙古政权效力以求生存，还是誓死效忠没落王朝而被活活饿死。这类绘画作品属于“草虫画”的范畴。草和虫或花和鸟，是宋代绘画的特色。我们要在学院风格的大背景下，用拟古主义的理念重新解读这幅作品。

印度艺术

《纳塔罗阇湿婆青铜圣像》

朱罗时代，约 1100

青铜

高 89.5 cm

来自南印度的泰米尔纳德邦

印度教的湿婆神被称为“纳塔罗阇”。实际上，湿婆神用舞蹈创造世界，并制定宇宙的秩序，世界就在他的舞蹈中诞生、毁灭，不断地循环。为此，每当一个宇宙周期结束，迎接下一个周期的时候，湿婆神都会出现在凯拉萨山顶跳舞，这似乎已经成为一种时空规律。每次在这座与天地接壤的神山顶峰，湿婆神都会将右脚踏在一只恶魔身上，预示着要毁灭它，因为它象征着茫然与无知。

在作品中，湿婆神被一个火环环绕，他抬起左脚，象征对人类的拯救；他左手持一把火焰，象征旧秩序的毁灭；右手持一面沙漏形状的双面鼓，象征新秩序的诞生。湿婆神边跳舞边击鼓，击鼓的声音唤醒了新生命；但与此同时，舞蹈喷射出的火花，也会使一切瞬间化为乌有。这种无尽的毁灭与创造，表现了生与死相辅相成、密不可分的关系。

伊费艺术

《伊费王》

12 世纪至 14 世纪

青铜

高 36 cm

发现于尼日利亚伊费

伊费城位于尼日利亚西南方的尼日河边，由约鲁巴人占据。传说中一名原本要被牺牲的女子逃过一劫，而她的儿子阿帝木则成为国王。伊费的雕像群成为非洲杰出的艺术产物，它们展现出非洲工匠对形体的杰出认知，以及对困难的熔铸青铜与脱蜡法技巧的完美掌握。因为当代人对于南地中海艺术鲜少认识，这项特质尚未得到完整的诠释，甚至连年代的确立也都极具争议。

伊费王在加冕仪式中，戴着饰有红玉髓珠的皇冠。有人认为，这个“头像”原来可能被加装在一个木制的身体上，在当时有华丽的装饰，用于丧葬场合。工匠对形体的掌握展现出一种自信，扎实的雕塑与表面的刻痕，使之产生了与光线的共鸣。头像脸部的雕琢，可能是为了重现人物脸上的刺青线条，强调作品的特色。

大呼罗珊的波斯艺术

《主教瓶》

约 1200

含有高比例白铁的青铜

饰有银雕镶嵌

高 21.5 cm

来自中亚古城赫拉特，于 1950 年购入

这件伟大的作品是波斯文化的工匠为穆斯林帝国的赛尔柱家族成员或某位继位者所制。高浓度的白铁成分让青铜带有一层如镀银般的迷人彩度，很受伊斯兰贵族的喜爱。此外，白铁成分减少了具有高毒性的碱式碳酸铜的形成，让此瓶器适合于保存食物。

在东方，特别是伊斯兰区域，金属加工的水平已达到极高的层次，并常常带有明显的艺术特质，如许多作品都带有作者的签名与日期。最常见的产品有单面镂雕的熏香器（常常被做成鸟类或狮子的形状）、捣锤、华丽的酒壶、精致的镜子、烛台、花瓶与各种不同形状的圣体盒。极为精致的装饰，以占星为主题：十二个圆图中的每一枚，都是一个行星及与其相对称的星座，并将其拟人化。从它装饰的方式，可辨识出阿拉伯文书写方法的库法体或纳斯赫体，背景有阿拉伯花草饰图的动物雕饰、带有宫廷狩猎场景与象征的圆图等。其风格非常直接且快速，几乎害怕留白似的充满图像，但又因丰富的构图与旺盛的节奏而有所软化。

不符合尺寸的盖子，底部有为了让它缩小而锤过的痕迹，圆形的图饰彼此以结相扣，饰有拟人化的行星与影响它的星座。背景错综复杂，纷乱的形状呈现出无限的生命力，围绕着背景的是珍禽异兽的狩猎场景。

左侧的圆图中，土星从井里打水正要出来，暗示其为落在水瓶座的土星；右边的火星骑在一头鹿上，象征它为落在白羊座的火星。

瓶口下方的水平带饰，描绘着在诗意放松气氛中喝酒庆祝的人物。集会、品酒的仪式，虽然受到宗教的禁止，但在贵族阶层中依然相当盛行。

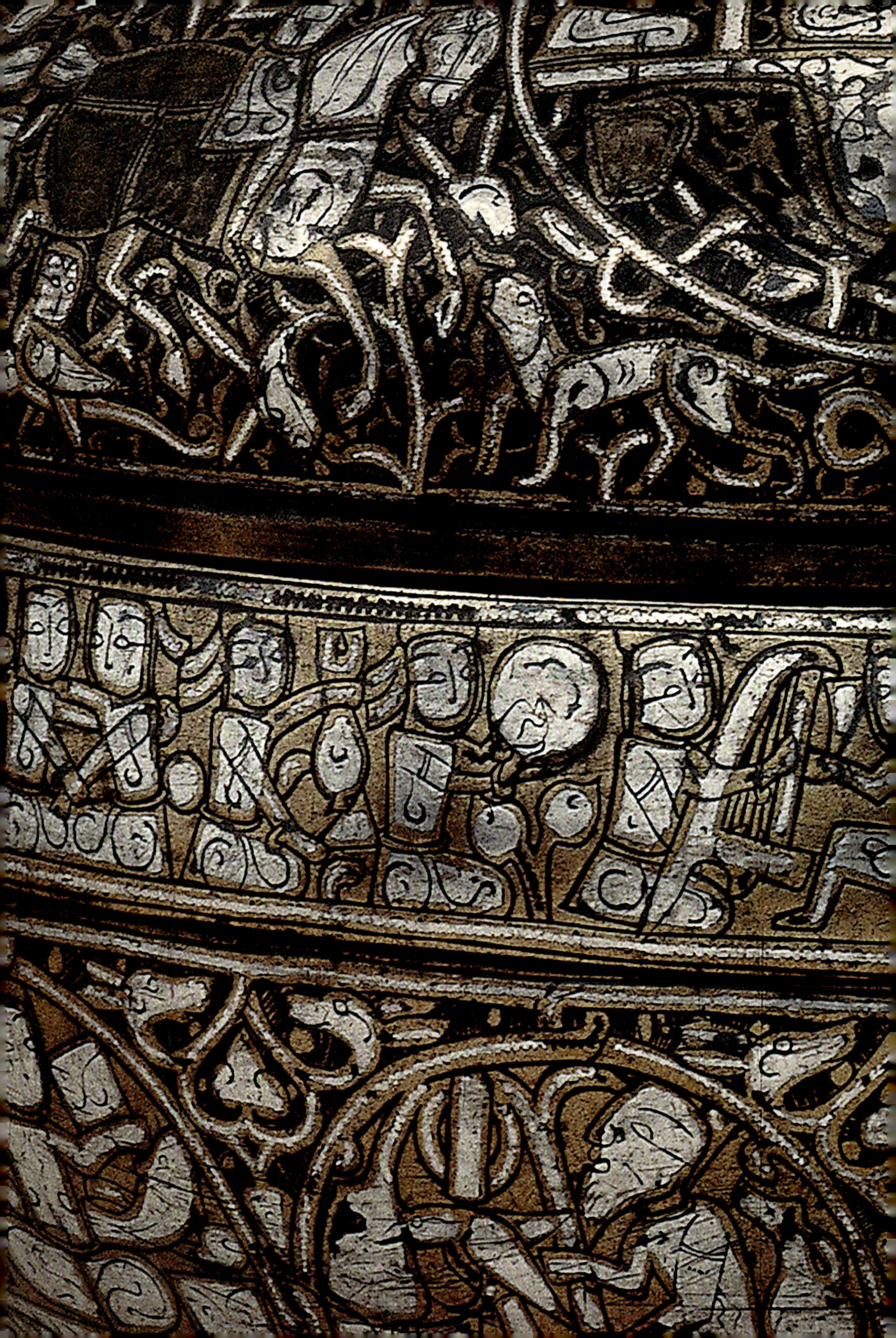

波斯艺术

《英雄洛斯达姆之死与坐骑拉卡齐》
伊儿汗国，约 1335

纸上蛋彩画
长 40.8 cm　宽 29.3 cm
来自伊朗西北部大不里士
裴纳德・艾可斯坦爵士所有

在伊儿汗国的统治下，书籍艺术有着卓越的演进。不论是精致的制作或伟大的书法，还是雄伟的规格、优雅的装帧、精致的画技，书籍艺术的重要性与质量均达到了前所未有的高度。最受欢迎的文本应属菲尔多西的《列王纪》，它于 11 世纪前期为伽色尼王朝所著，蒙古人认为自己是伽色尼王朝的继承者，以波斯古老史诗赞扬新王朝的荣耀。

洛斯达姆的异母兄弟沙格哈德，将洛斯达姆引来狩猎，再设陷将他杀害。英雄忠诚的坐骑拉卡齐陷落在一个插满刺枪的洞里，而洛斯达姆则伤重致死。他在临死前最后一刻说服背叛者让他保留弓箭，并成功射出最后一箭，穿过树干射中凶手。图中精细的写实描绘与对物件的美丽呈现，都在作者的掌控中，其中不乏受到中国绘画与意大利绘画的影响之处，此两国的艺术因为手稿的引进而受到注意。

میانش تهی بود و بارش بجای | نهان شد بپیش مرد نا…

苏丹穆罕默德

《英雄洛斯达姆与坐骑拉卡齐对战狮子》

约 1515—1522

《列王记》为菲尔多西于 11 世纪前期为伽色尼王朝所著，当时就被认为是一个取之不尽的宝藏、波斯国家史诗，被许多当时最有名的画家编撰绘制成各种版本。这幅作品展现的是伟大的战士洛斯达姆与他的坐骑拉卡齐，在解救被恶魔囚禁的伊朗王齐卡乌士之路上的历险经历。途中，洛斯达姆因疲倦劳累而睡着了，倒在林中的一处空地上，而那刚好是一头狮子的巢穴，拉卡齐为了救主人而将野兽杀掉。

魔幻的画面描绘彩色亮丽的植物与岩石，带有细致的饱满度。故事的节奏、精力与律动支撑着整个构图，是白羊王朝全盛时期的风格，当时重视情感的表达，而非人物之间的空间关系或事件的时间关系。

纸上蛋彩画

高 43.16 cm　宽 20.8 cm

萨非王朝的波斯艺术

但为大不里士的风格，裴纳德・艾可斯坦爵士所有

将自然诠释为一个有爱的幻想与神圣的优雅探究的细节进驻的宇宙，这是典型的赫拉特学派的风格，也是苏丹穆罕默德的最初风格。

对庞杂细节描绘的执着与对诗意的热情，将随着工匠技术由赫拉特迁移到大不里士，并渐渐消散在萨非王朝风格优雅的古典艺术里，失去它惊人的充沛活力。

整座森林密布着埋伏。拉卡齐的斗篷与主人洛斯达姆躺着的地毯颜色相同，隐喻洛斯达姆在梦中保护着它。

چو بیدار شد رستم تیزچنگ
جهان دید بر شیر تاریک و تنگ
که گفت که با شیر کن کارزار
کمند کیانی و گرز گران
تهمتن ز خواب خوش آمد ستوه

من این بر و این مغفر جنگجوی
ترا جنگ با شیر کوته شدی

拜占庭艺术

《圣乔治圣像》

14 世纪末期

木板油画

77 cm × 57 cm

源自俄罗斯西北方的普斯科夫

这幅美丽的圣像于 1959 年在普斯科夫被发现，原先它是被用来覆盖谷仓窗户的。木板经过修复清洁后，发现表面的 18 世纪流行画下浮现出原有的 14 世纪圣像鲜艳的颜色，因此立刻受到认证，成为那个时期俄罗斯艺术重要、杰出的作品。后来，这幅画作被允许运到海外，并由大英博物馆购入。

抢眼的金色背景衬托出名贵马匹的黑色剪影，马匹飞奔的动作受到圣人手上有力的缰绳阻止，圣乔治正想以细长的红矛屠龙。作者以颜色的层次来表现圣人头上的光环，不仅在红色的斗篷上强调圣人的头部，同时也让它镶嵌在金色的背景中。交锋的场景不带一丝戏剧张力：黑色的马匹才是画面真正的主角，黑马的脚碰触画面的两端，刚好在水平线上丈量抽象的空间，使得蜷曲的龙发挥不了作用。

密斯金

《动物向乌鸦洽询》

约 1600

此画主题源自奥斯曼诗人拉米·伽勒毕所著的《雪夫英山》，呈现的可能是一则童话故事，叙述动物们向乌鸦抱怨人类的恶劣。另外的说法则是叙述关于乌鸦与猫头鹰的童话：乌鸦在一次动物之王的选举中反对猫头鹰当选，从而与猫头鹰结下了仇。

一群动物聚集在由海里浮出的多岩的山脚下，它们混入草堆在地上滑行，伏卧在突起的岩块间，栖息在树上，借着树根爬上山岩。真实的动物与想象的动物共存着，还有传说中的灵言鸟，长着如彩带般的尾巴，雄伟的棕马边嘶喊边朝着山顶的乌鸦奔驰。皇帝阿克巴非常喜爱童话，委托艺术家制作了许多精美的图画书。

纸上蛋彩画

27 cm × 19.4 cm

莫卧儿帝国艺术

来自第三位统治者阿克巴的时代

藏于大英图书馆东方手稿与印刷品部

阿兹特克 / 墨西哥米斯特克艺术

《特斯卡特利波卡神的骷髅头面具》

15 世纪至 16 世纪

绿松石、木材、黄铁矿、
贝壳、皮革、人头骨制作
19.5 cm × 12.5 cm
墨西哥，克利斯蒂收藏品

据说此面具代表阿兹特克神话中最重要的神祇之一，也是至上与慑人的特斯卡特利波卡神。他是大熊星座之神、北极星之神与死亡之谜神，也是无常与夜空之神，受到掌权者、斗士、巫术师的崇拜。作品的基底是一颗真正的骷髅头，可能是奉献牺牲者的头骨。这个献祭牺牲人类的传统，在墨西哥延续了许久，因此不能把它视为一般的雕刻。

事实上，尽管骷髅头上的头盖骨与牙齿大部分都保存了下来，但是工匠还是将整个作品转变得非常具有装饰性与象征性。头骨表面以黄铁矿与绿松石分层装饰，使得鼻甲与眼眶成为几何形状；移除骷髅头后侧的骨头与下颚之后，填充入皮革，再以皮条连接其他部位。原本骇人的头骨，因为工匠的拆解与重组，而失去原本丧葬的面貌，并转化为令人印象深刻同时具有雕刻与绘画质感的造型，使人辨识不出死亡的威胁。

阿兹特克 / 墨西哥米斯特克艺术

《双头蛇》

15 世纪至 16 世纪

木制台座上镶嵌绿松石与贝壳

20.5 cm × 43.3 cm

墨西哥，克利斯蒂收藏品

阿尔班山的挖掘使得大量的高质量工艺品出土，其中有金属、宝石镶嵌的产品，它们由当时活跃的商业组织波其德卡外销到玛雅与更远的地方。深受人们喜爱的绿松石，在当时被运送到阿兹特克的首都，成为数个省份进贡帝国的献礼。不仅有原石，也有已经切好、磨亮或以镶嵌的方式做成的面具、盾牌、阶级牌饰、圆盘、刀子、手环等精美物件。当时，在墨西哥瓦哈卡省每年进贡给蒙特祖马二世的贡品清单上，就包括有 10 个米斯特克专业工匠所制作的用绿松石镶嵌的面具。

这个有双头蛇的装饰品，在特殊仪式时被用来当作胸饰。两个相当鲜艳的蛇头间，有着弯曲的蛇身。蛇在阿兹特克的宗教中占有重要的地位，用以联结许多主要的神祇，包括羽蛇神、火蛇、云蛇、地母神、战神特斯卡特利波卡的母亲。它也是将战争当作取得牺牲真人祭品手段的劝战神祇。

丢勒

《启示录中的四骑士》

1498

木刻版画

39.4 cm × 28.1 cm

来自德国，威廉·米歇尔的赠予

这件作品是意式的，清晰的构图与德式版画强烈的表达能力，让丢勒的新意象跨越国界。

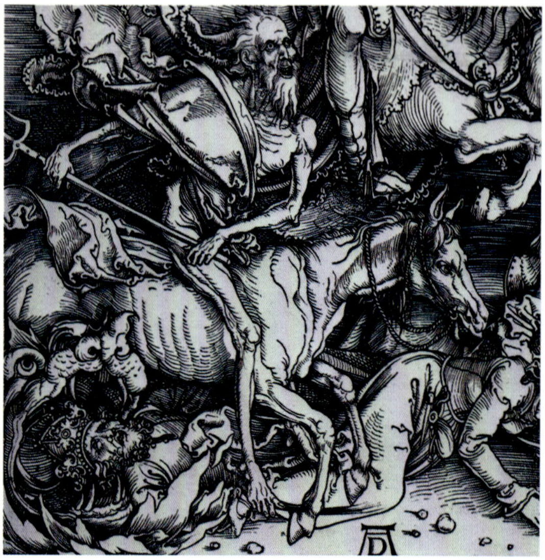

丢勒于第一次意大利之旅后致力于更新木刻的线条，欲将已经在木刻形式上达到极致的北方表现主义融入意大利文艺复兴的意象中。他自己出版了对开本《启示录》——含有图像、拉丁文与德文的对照及 14 幅全页的巨幅版画图书。四骑士的作品是丢勒为此书刻制的第一幅版画，以惊人的意象道尽圣约翰所写的前八句诗句（《启示录》第六章 1~8）。北方具戏剧张力与暴力感的版画线条被置入意大利的结构中。分割的画面与构图，以及场景的发展，同时也强调了信息的传递。

画面中生生不息的动态感来自特殊的人物重叠运用：底层的人物，向将要成为妖怪餐点的受害者丢掷三叉枪；中间则有巨大超自然的人物，以倍增的方式往无垠的天际线增加。生硬的细节写实与整体的意象呈现，让这幅版画成为最具说服力的图像之一。

纸板铅笔、炭笔素描
232.7 cm × 165.6 cm
1893 年由温费尔·马孔赠予

米开朗琪罗

《主显节》

约 1550—1553

这幅素描是米开朗琪罗一系列知名的纸板素描中仅存的两幅之一，另一幅现藏于拿波里。这些素描被当时的艺术家争相模拟，引起他们的争吵、抢夺，以致移动时受到损毁，有些甚至是米开朗琪罗自己放火烧毁的。米开朗琪罗的传记作者阿斯

坎尼奥·康迪维认为，这些纸板是为一幅现在已经遗失的画作所准备的前置素描。

画中一名小孩俯卧在圣母展开的膝间，像在寻找避难所。圣母以右臂驱逐一名男性，也许是耶稣的养父圣约瑟，而一旁的施洗者圣约翰则看似在寻找耶稣。右侧身份不明的年轻人向圣母暗指场景外的某样东西，而另一名年长的人物在她身后借机混入。

这件作品的象征意义未明，可能与米开朗琪罗内心的信仰有关，也可能是 4 世纪的希腊作者埃比芬尼亚所写的关于圣母玛利亚贞操的作品。埃比芬尼亚的著作提到耶稣兄弟的出生，并澄清他们应是来自圣约瑟的前一段婚姻，所以玛利亚并没有失去贞操，这同时解释了图中玛利亚两只手臂的姿势所代表的含义。

画中人物有力、厚重的身躯宛若被抽空了似的，失去了《最后的审判》一图中的生命力。玛利亚的脸部呈现出痛苦、忧郁的表情，她与对话的青年两人的肩膀几乎相触，而前臂又呈分离的状态。

蒋嵩

《携琴访友图》

明朝，约 1500

水墨丝轴

148.5 cm × 89.5 cm

中国江浙地区

由收藏家亨利・欧彭亨遗赠

此画被认为是蒋嵩的作品，他是江浙画派的成员之一，在大师戴进的时代创作此作。戴进为新的浙派山水风格的原创者，受到元代大师与其宁静、浪漫的风格，及硬笔画家的影响，从中衍生出一种笔墨较干的笔触、椭圆的构图。在这幅画作中，蒋嵩完美地掌握水墨技巧，笔画、渐变层次与颜色之间达到了和谐的平衡，画中人物被缩至最小，背

景的景色描绘精细，成功传递了画作寓意丰富的抒情诗意。

此画名称同样意在创造一种诗意、亲密的气氛，融合个人与自然风景。左下侧出现主仆两人带着琴，两个人物的态度迥然不同：仆人似乎受到命运的压迫，而雅士则被描绘得清淡如梦中景象——侧着头沉思，他的思绪随着周围的景物放大，并与之合而为一。

两个人物在充满云雾的空间里静止着，与他们对照的是同样在此虚无空间挺立的巨大岩石。巨岩的形体越来越明显，直到岩峰上的植物为此画下句点。

玉
直径 11 cm
中国，由法兰克斯爵士捐赠

《玉环》
明代，15—16 世纪

取代蒙古人统治的明朝以恢复中国的历史传统为己任，倡导带有古朴风格的艺术，此一雕有龙与孩童的玉环，就是最好的例证。

中国的宝石雕刻有着引以为傲的传统，不论是质量、数量与传承，都是世界其他地方所不及的。一直以来，宝石雕刻最受欢迎的材料非玉石莫属，玉石抛光后的美与其持久性，都让它更加独一无二。

而玉制物品也被认为拥有神奇的美德与疗效，甚至可以带来永生。玉石的来源、组成与做工技巧相当神秘。玉石清澈的组织是绵密、细微的纤维结合体，这让它成为一种硬度极高的材质，无法被当时的金属工具切割，所以制作过程费时并需要无比大的耐心，有时工匠会花上好几年的时间制作单一作品。玉制的物品种类各异，从重达几百千克的大花瓶、山景的模拟画，到小巧、精致、极为脆弱的玉佩、镂雕，做工的精湛，还有材质的清透性，使作品看起来几乎如同蜡雕一般。

贝宁艺术（尼日利亚古代风格）

《象牙面具》
约 16 世纪

象牙
24.5 cm × 12.5 cm × 6 cm
来自西非尼日利亚贝宁城地区

光线集中在做工精致的卷发上，均匀洒落在平滑的脸上，在眉宇间跳跃着，加上口鼻的深浅层次而更富有生气，然后突然在神秘的眼里概括收合。

西非的贝宁共和国在与尼日利亚的约鲁巴兄弟阋墙而开战之前，曾经有过一段非常富裕的生活，这反映在他们高技术、高质量及具有美感的艺术产品中，如木制品、象牙制品与主要的青铜雕刻。贝宁与约鲁巴战争的最大受益者为葡萄牙人，他们因此获得了大量的奴隶。

每年贝宁王都以隆重的仪式祭祖降福人民，在这个重要的仪式中，贝宁王会戴着如这件作品般的面具。

面具上不寻常的发型由 11 个人头组成，每个人头都有长长的胡子，代表葡萄牙人，象征贝宁王对欧洲的控制，当时葡萄牙还是贝宁不可靠的盟友。欧洲在当地的影响力很大，葡萄牙人在当地消失后，代表他们的图像依然继续出现。就如同尼日利亚古代风格最好的作品般，面具的深浅层次与光影效果，都是经过仔细计算与正确选择所产生的结果。

青铜
62 cm × 33 cm × 26 cm
来自西非尼日利亚贝宁城地区

贝宁艺术（尼日利亚古代风格）

《吹笛者》
16 世纪末至 17 世纪初

吹笛者戴着一顶钝角的帽子，圆睁的双眼、坚挺的鼻子与笛子上丰厚的嘴唇，应是观察真人细部之后而有的诠释。

这座雕刻是贝宁帝国宫廷艺术的杰出代表，以复杂的失蜡法完成，最后再以精致细微的刻刀雕琢。此作与当时许多典型的青铜器相同，希望在作品背后传递更为强烈的讯息，然而，当时因为伊费帝国的关联，仍有不少强调表面形式的作品。吹笛者可能是在年度游行仪式时伴随贝宁王的音乐家，游行的主要目的在于借由祖先的帮助驱逐厄运。一些欧洲的旅行家的确在贝宁祭祖的祭坛上看过类似的雕像。

青铜制品不论在形状或表现上，都有相当大的发挥空间，由于不同工匠有不同的个性与创新力，就算在同一间工作室，也能创造出截然不同的作品。这些极费工夫的产品从 15 世纪末开始盛行，后来因葡萄牙人的侵入而消失。

葛饰北斋

《龙的传人富士》
江户时期，1835

单色木刻版画
22.7 cm × 15.7 cm
选自《富岳百景》
分别于 1834 年、1835 年与 1849 年
出版三册，由杰克・西立尔收藏

葛饰北斋是日本最重要的艺术家之一，也是在西方最知名的日本艺术家，他的版画受到西方艺术家的争相收藏，是一些现代艺术中关于冒险的灵感来源。葛饰北斋着迷于富士山的轮廓，以当时最盛行的技术，创作了一系列献给富士山的版画。富士山以它的山景，给予人在自然中浓厚的精神价值。葛饰北斋在此系列创作出的单色版画杰作不胜枚举。

一百幅山景展现的都是细致的情感与艺术表现，从纯粹的风景到自然与动物，从神话主题到地形与建筑观察。最重要的是，它以融合诗意的方式诠释普罗大众与他们工作的景象，因为富士山的存在而充满灵性。葛饰北斋运用灰黑双色，展现无限的细致晕染，抓住艺术家与宇宙之间肉眼看不见、具有精神性的关系。《富岳百景》也许是葛饰北斋最知名的杰作。

伦敦大英博物馆

参观指南

2000 THIS GREAT COURT
and let thy feet
millenniums hence
be set in midst of knowledge

地下室

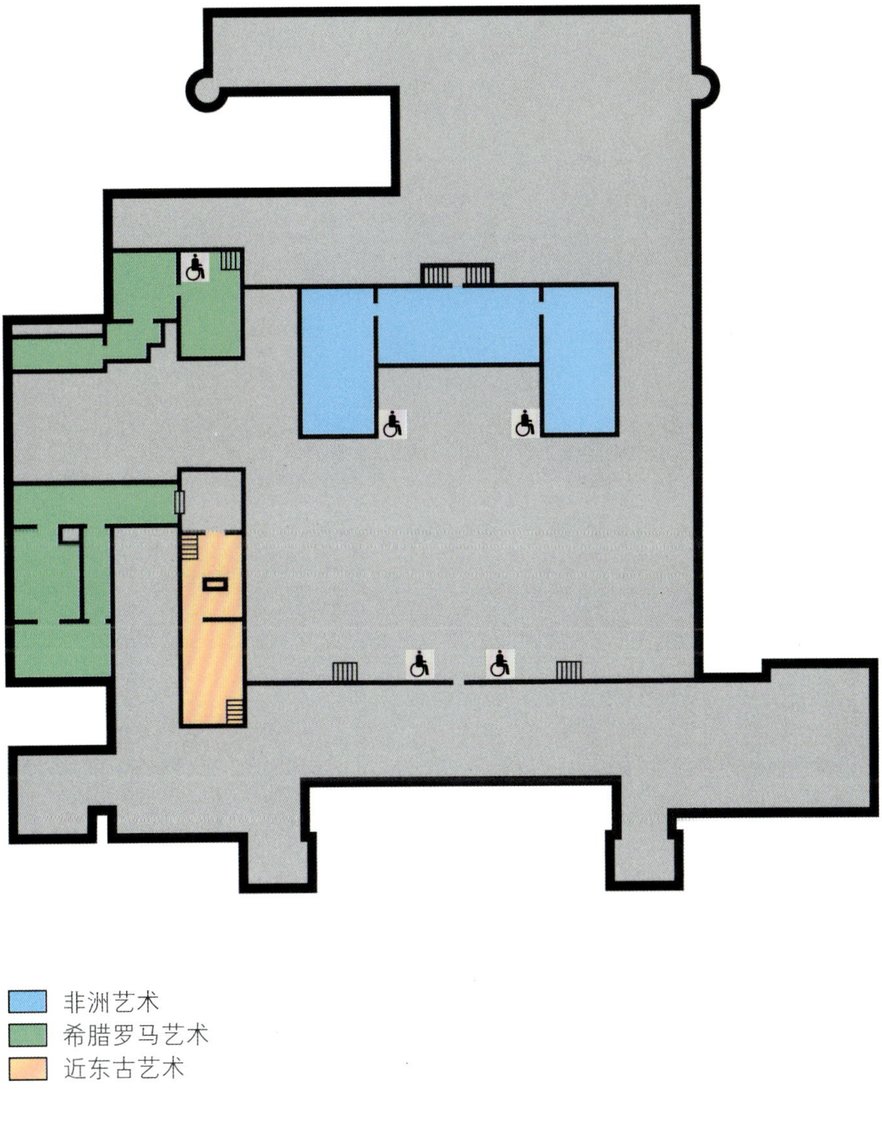

一楼

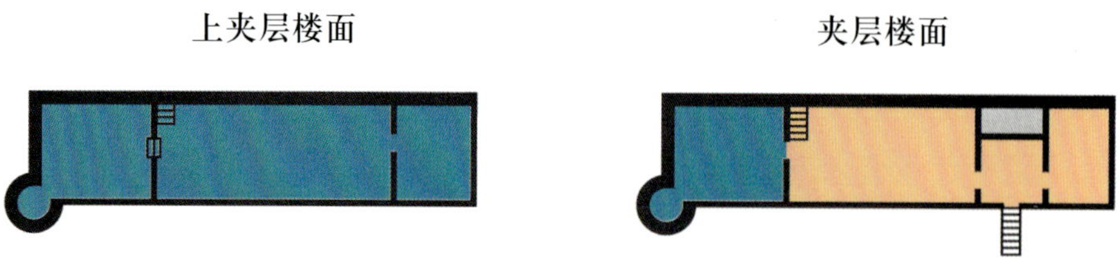

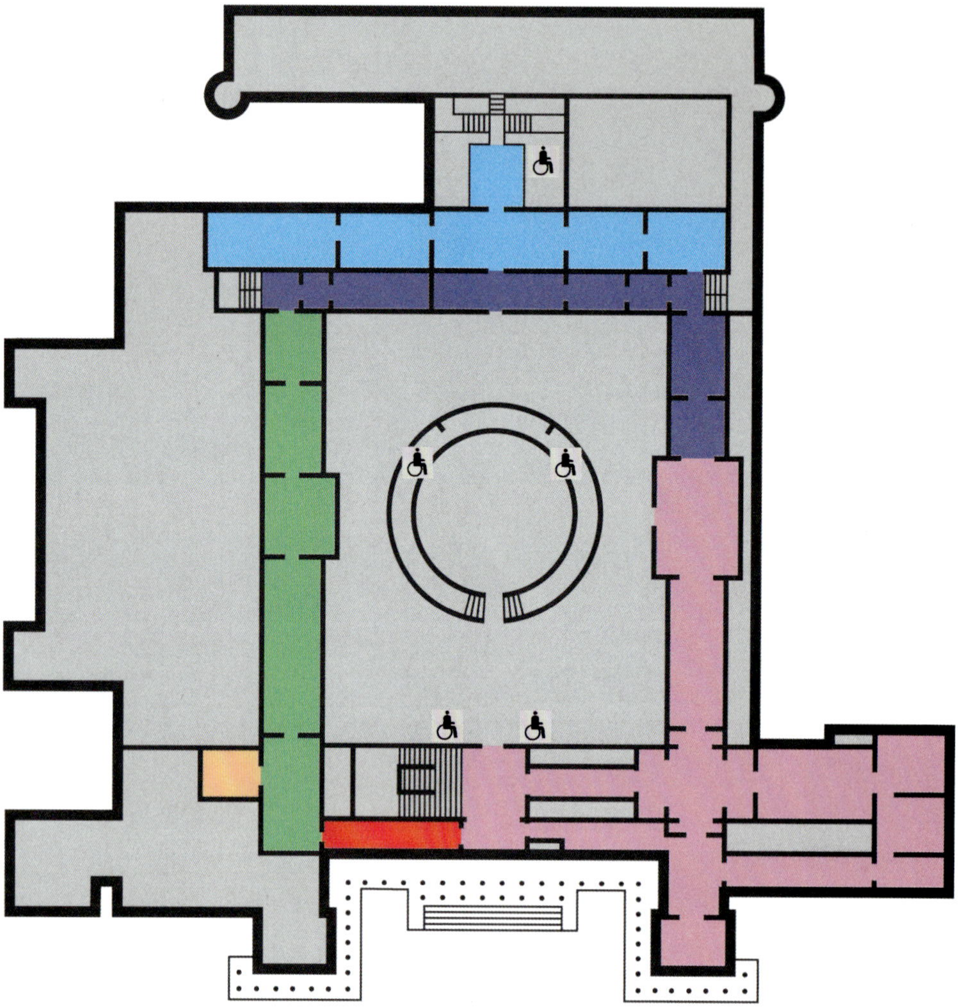

- 欧洲艺术
- 近东古艺术
- 希腊罗马艺术
- 钱币
- 埃及艺术
- 钱币、徽章、版画与素描
- 日本及亚洲艺术

大厅

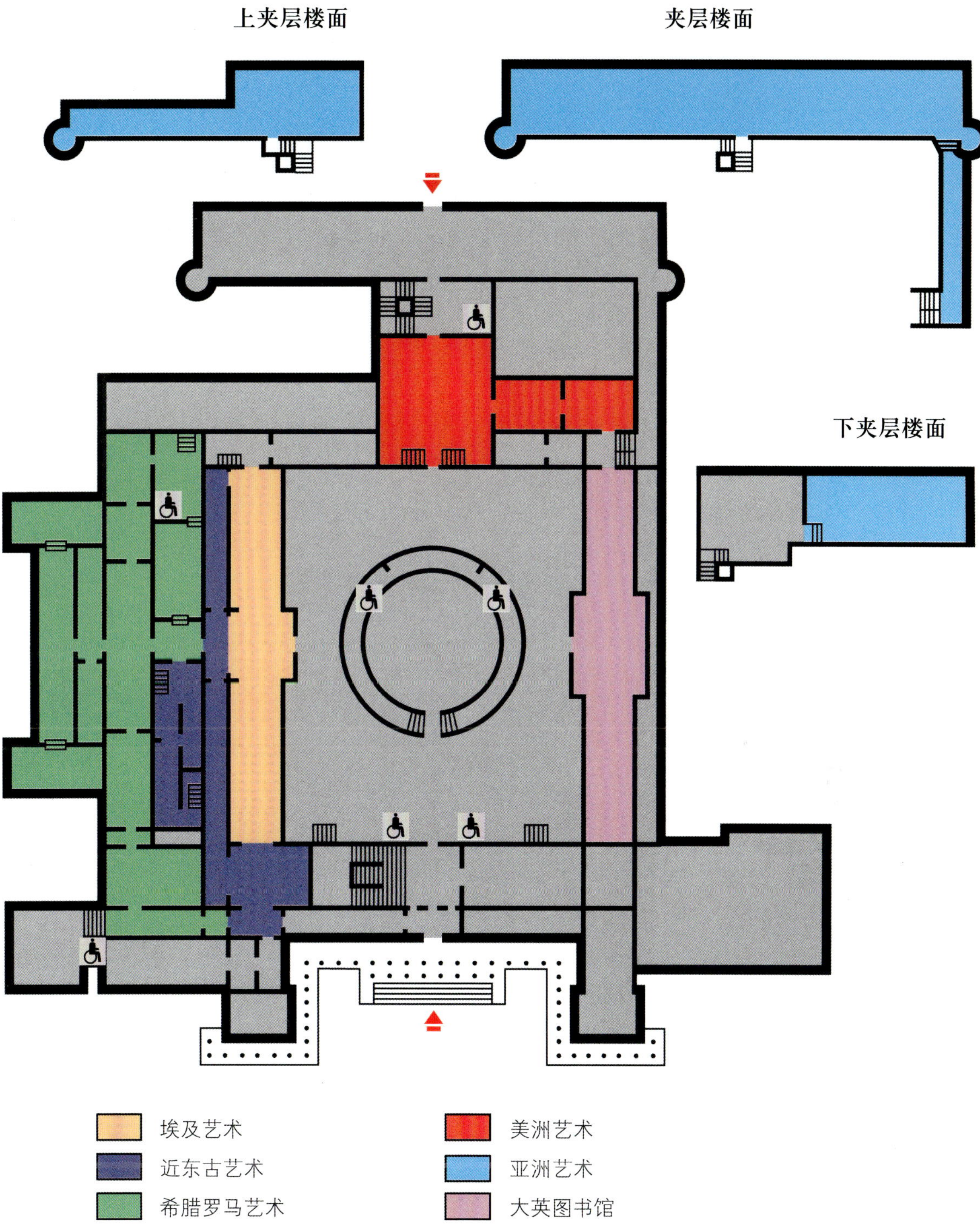

艺术品索引

图书在版编目（CIP）数据

伦敦大英博物馆 /（意）卢卡·莫扎蒂编著；应倩倩，许琛，曾美祯译. — 赤峰：内蒙古科学技术出版社，2018.1（2023.6重印）
（伟大的博物馆）
ISBN 978-7-5380-2913-0

Ⅰ. ①伦… Ⅱ. ①卢… ②应…③许…④曾… Ⅲ. ①博物馆—介绍—伦敦 Ⅳ. ①G269.561

中国版本图书馆CIP数据核字（2018）第025761号

伦敦大英博物馆

编　　著：〔意〕卢卡·莫扎蒂
译　　者：应倩倩　许　琛　曾美祯
责任编辑：张文娟
封面设计：李　莹
出版发行：内蒙古科学技术出版社
地　　址：赤峰市红山区哈达街南一段4号
网　　址：www.nm-kj.cn
邮购电话：0476-5888970
印　　刷：三河市华东印刷有限公司
字　　数：120千
开　　本：787mm × 1092mm　1/16
印　　张：10.25
版　　次：2018年1月第1版
印　　次：2023年6月第2次印刷
书　　号：ISBN 978-7-5380-2913-0
定　　价：148.00元

如出现印装质量问题，请与我社联系。电话：0476-5888926，5888917

Published by arrangement with Atlantyca S.p.A.
Original Title British Museum Londra
Text by Luca Mozzati

Photo Reference

Heritage Image Partnership
The Bridgeman Art Library
Erich Lessing / Contrasto